# Märchenhafte Sternstunden

## Kulinarische Genüsse für Zwei

STEFAN KREBS

# *Impressum*

Idee und Text:
Stefan Krebs

Illustrationen Jahreszeiten:
Dominik Laux

Lektorat:
Michaela Rudnick

Satz/Layout:
Agentur CD*PR

Druck und Verarbeitung:
Gutenberg Riemann GmbH


Verlag FEL!X AG
Weingasse 1
D-54487 Wintrich
Tel: 06534-94 87 911
verlag@felix-ag.de
www.felix-ag.de

Printed in the European Community

ISBN: 978-3-86738-055-3

1. Auflage

# Vorwort

Es war einmal oder es sei einmal ...

Märchen haben auch heute noch auf Erwachsene eine romantische und mysteriöse Ausstrahlung. Genau aus diesem Grund gaben wir unserem Hotel vor einigen Jahren den Namen „Märchenhotel“. Diese Stimmung wollten wir auch auf unsere Gäste übertragen und stellten fest, dass jungen Paaren diese Atmosphäre gefällt. Seitdem durften wir schon sehr häufig Zeugen von verrückten bis genialen Heiratsanträgen sein, durften schon viele Flitter- und Hochzeitstage begleiten. Hier gönnte man sich also die Zeit zu zweit.
Mir erscheint es, dass es im Alltag hierfür zu wenig Zeit gibt, oder sich diese Zeit nicht genommen wird. Genau hier will ich meine Erfahrungen als Hotelier und Koch einbringen, denn Liebe geht bekanntlich durch den Magen. Dass ein Dinner zu zweit ein Romantikklassiker ist, muss an dieser Stelle nicht erwähnt werden, den mysteriösen Teil leiten wir aus den sinnvollen Elementen der molekularen Küche ab, wenn sie die Qualität der Speisen steigern.

Es gibt für mich nichts Schöneres, als einem glücklichen Paar in die Augen zu blicken. Führen Sie dieses Gedankengut zu Hause fort und kochen Sie mit oder für Ihren Partner oder zeigen Sie ihm, dass sie/er der Prinz /Prinzessin Ihrer Träume ist .....

Bis dahin mit märchenhaften Grüßen
Stefan Krebs

Terrasse

# Märchen müssen erarbeitet werden

Das Erzählen von Märchen im Mittelalter könnte heute als eine Art Familien-Entertainmentprogramm angesehen werden. Das Märchen hatte einen gewissen Unterhaltungswert und zeigte den Kindern sicherlich die ein oder andere brauchbare Lebensweisheit auf. Den äußeren Rahmen solcher Erzählungen stellt man sich heute familiär und äußerst romantisch vor. Der Lebensmittelpunkt der Familien in jener Zeit war die Küche, hier spielte sich das gesamte Familienleben ab. Das Leben außerhalb jener Küchen war im Mittelalter wohl ein krasser Gegensatz zu der oben beschriebenen Familienromantik. Mit äußerster Brutalität wurden Kriege geführt und Fehltritte der Bürger geahndet.

Auch heute gibt es diese Parallelwelten, draußen regiert eine Informationsflut und Zeitdruck. Im Gegensatz dazu gibt es eine Bewegung, die sich nach Ruhe und Zeit sehnt. Entschleunigungsprogramme, Wellness und „Zeit für sich" sind das heutige Kontrastprogramm. Auch die Märchen erleben eine Renaissance, sei es wegen der oben beschriebenen gefühlten Romantik, den überlieferten sittlichen Grundregeln oder dem fast immer guten Ende. Einen großen Bereich der Märchen decken Prinzessin und Prinz ab, die auf unterschiedlichste Art und Weise immer wieder zusammenfinden. Es wird dem Leser oder Hörer viel Raum für die individuelle Interpretation gegeben und die eigene Fantasie wird angeregt. Über die heutigen Medien werden zusehends fertige Welten präsentiert und so bleibt wenig Raum für die eigene Märchenwelt. Die große Liebe hat für jedes Paar eine andere Bedeutung. Die Liebe zwischen zwei Menschen ist nicht vergleichbar, nicht messbar und nicht kopierbar. Wieder ein grober Gegensatz zu der gesellschaftlichen Entwicklung, wo alles angepasst erscheint.

Daher ist es nur verständlich, warum Märchen wieder „in" sind, sie sind quasi der Urtyp aller Entschleunigungs- und Medical-Wellness-Programme.

Wenn man bedenkt, mit welchen Schwierigkeiten die Helden der Märchen zu kämpfen hatten, um ihre große Liebe zu erobern, leben wir heute doch in absolutem Luxus. Aber auch heute will die Prinzessin erobert werden, nur anders. Unverwechselbare und einzigartige Kleinigkeiten zeigen Ihr, dass sie die Prinzessin aus dem Märchen ist. Die große Dramatik aus Märchen muss es sicherlich nicht sein, aber ein Frühstück ans Bett oder ein selbst gekochtes Abendessen, zeigt dem Partner, man ist bemüht.

Eine glückliche Beziehung lebt maßgeblich vom Austausch und der gemeinsamen Pflege der Partnerschaft. Hier gibt es sicherlich viele Ansatzpunkte, die dafür sorgen, dass immer wieder neue Schmetterlinge flattern, bzw. die Beziehung weiter wächst.
Gerade auch im Märchen scheint alles zauberhaft schön, friedlich und heil. Merkwürdig eigentlich, dass wir mit dem Begriff Märchen meist nur Schönes verbinden. Denn wirklich heil ist die Welt im Märchen nicht. Stattdessen kann in der Märchenwelt das Unheil überall lauern, und gerade im Märchen geschieht viel Unheimliches und es wird die Angst geschürt. Aber auch das lehrt uns das Märchen: Wer Mut beweist und den inneren „Schweinehund" überwindet, findet oft sein Glück. Man stelle sich nur vor, der Frosch wäre ungeküsst geblieben, nicht nur der Prinz wäre auf Ewigkeit verwunschen geblieben, nein, auch ein Märchen hätte kein Happy End erfahren.

# Märchenhaft erotisch

Dass die Märchen in ihrer Blüte in den Wohnküchen erzählt wurden, dürfte nicht die einzige Verbindung von Märchen und gutem Essen sein.
Einige Lebensmittel dienten schon damals als vorzügliche Verführer.
Denn nur durch den verführerisch guten Rapunzelsalat war es der Hexe möglich, ein Kind gegen den Salat einzutauschen. Ohne das bezaubernde Lebkuchenhaus wäre es der Hexe wohl nie gelungen, Hänsel und Gretel zu fangen. Der berühmte Apfel im Märchen Schneewittchen erfüllt auch seinen unheilen Zweck.
Mittlerweile sagt man einigen Lebensmittel eine verführerische, erotisierende Wirkung nach. Viele anregende Wirkstoffe sind zumindest in vielen der üblich verdächtigen Lebensmittel enthalten und das ganz ohne Zusatzstoffe und Geschmacksverstärker.

Schon seit Urzeiten wird bestimmten Lebensmitteln eine positive Wirkung auf das Sexualleben unterstellt. Die Namenspatronin dieser Aphrodisiaka ist übrigens die griechische Göttin der Liebe, Aphrodite.

Im Laufe der Zeit wurde schon fast jedem Lebensmittel eine luststeigernde Wirkung nachgesagt. Bei den meisten dieser Behauptungen versetzt der Glaube bekanntlich Berge. Es ist schon erstaunlich, wie ein Lebensmittel den Ruf genießt, die Liebe zu fördern. Bei vielen suggeriert allein schon die äußere Form eine sexuelle Lust. Mann denke hier nur an die Banane als maskulines Geschlechtsteil oder die Feige als feminines Gegenstück. Eine Avocado lässt sich mit viel Fantasie mit einem Hoden assoziieren. Auch glauben leider manche Menschen in Asien noch immer, das Nashornpulver verleihe ihnen eine ähnliche standhafte Ausdauer wie die des Nashorns. Die sagenumwobene Spanische Fliege sollte auch jedem bekannt sein. Bei den weiteren Erläuterungen sehe ich von diesem Gedankengängen ab und widme mich verstärkt zweier Thesen.

These 1
Lebensmittel können das Vorspiel bereichern. Eine warme Schokolade oder Schlagsahne verspeist vom Körper des Geliebten schmeckt sicherlich doppelt gut. Selbst die Römer wussten schon, wie süßes Obst das Liebesspiel versüßen kann. Somit ist zumindest schon mal eins bewiesen: Manche Lebensmittel können für das gewisse Kribbeln sorgen und das auf eine natürliche Art und Weise.

These 2
Lebensmittel wirken tatsächlich durch ihre Inhaltsstoffe.
Eine gleiche Wirkung wie durch das neuzeitliche Viagra kann hier nicht erzeugt werden. Aber durch gezielten Einsatz ist die Wirkung zwar begrenzt, aber äußerst gesund, was wiederum einen langfristigen Erfolg mit sich zieht und das ohne chemische Keule. Diese Inhaltsstoffe nennt man Aphrodisiaka, ein Mittel zur Steigerung (bzw. Wiedererweckung oder Belebung) der Libido, der sexuellen Begierde und des sexuellen Lustempfindens, das spezifisch reizend und anregend auf die Geschlechtsorgane wirkt. Viele Lebensmittel machen Lust auf Liebe, da die meisten Alkaloide (stickstoffhaltiges Stoffwechselprodukt) enthalten, was sich anregend auf den Körper und das allgemeine Wohlbefinden auswirkt. Die berüchtigten Scharfmacher wie Pfeffer und Chili verbessern nachweislich die Durchblutung der Sexualorgane. Einige Lebensmittel wirken berauschend und enthemmend.

Das gemeinsame Essen ist eines der wirkungsvollsten Vorspiele, das die Nase, die Zunge und den Gaumen zugleich verwirrt und verwöhnt, der Genuss, die Begierde und die Kunst der Verführung. Gibt es einen lustvolleren Auftakt für einen Abend zu zweit, als ein romantisches Dinner mit frischen Zutaten bei Kerzenlicht?

**Hier die Lebensmittel, denen man eine erotisierende Wirkung nachsagt und somit als Grundzutaten für die späteren Gerichte dienen:**

| | |
|---|---|
| **Auster** | ist reich an Vitaminen, Zink, Eiweiß und Mineralsalzen.<br>*Exkurs: Austern sind nicht nur eine beliebte Delikatesse, sondern sie sind auch der Inbegriff von Erotik, wenn man von Lebensmitteln mit aphrodisierender Wirkung spricht. Schon im Römischen Reich genossen Austern einen liebessteigernden Ruf. Der legendäre Casanova glaubte fest an die Wirkung der Auster und verspeiste angeblich jeden Morgen 50 von ihnen roh.* |
| **Ananas** | reich an Kalium und Vitamin C, wirkt stimulierend, anregend und entkrampfend. |
| **Anis** | wirkt anregend, enthält östrogenartige Verbindung Photoanethol, eine Vorstufe des Östrogens. Ein Zitat aus dem Mittelalter lautete: „So bringt Anissamen den Weibern die Milch und mehret die Lust". |
| **Artischocke** | Stimulation durch ätherische Öle, Mineralstoffe und pflanzliche Östrogene. |
| **Avocado** | wegen der äußeren Form von den Azteken als „Hoden-Baum" bezeichnet, unterstützt die Produktion von Serotonin. |
| **Basilikum** | anregend durch ätherische Öle, der Duft wirkt stimulierend. |
| **Blüten** | Lavendel und Rosen |
| **Chili** | euphorisierend durch Alkaloide, bewirkt den Ausstoß von körpereigenen Opiaten, den sogenannten Endorphinen. Reich an Vitamin C. |
| **Granatapfel** | stark stimulierend, Symbolfrucht der griechischen Liebesgöttin Aphrodite.<br>*Exkurs: Es spricht vieles dafür, dass Eva ihren Liebsten Adam mit einem Granatapfel verführt hat. Der Granatapfel findet sich in den antiken Mythen als Symbol der Liebe, Fruchtbarkeit und wegen seiner vielen Samen auch für das Wunder des Lebens.* |
| **Honig** | enthält Mineralien und Vitamine, wirkt anregend und kräftigend.<br>*Exkurs: Auf Englisch heißen Flitterwochen „honeymoon", Honigmond. Der Ursprung dieser Bezeichnung liegt einige Jahrhunderte zurück, als man zur Hochzeit traditionell Met ( Honigwein) trank. Honig sollte als Aphrodisiakum die erste Liebesnacht versüßen. Der arabische Physiker und Philosoph Avicenna empfahl eine Mixtur aus Honig, Pfeffer und Ingwer als Stimulans, und in Asien sagt man Honig einen positiven Einfluss auf die Fruchtbarkeit der Frau und die Potenz des Mannes nach. Auch Cleopatra, die keinerlei Abneigung gegen ausführlichen Sex hatte, soll nach dem Verzehr von Mandeln und Honig völlig außer sich geraten sein.* |
| **Jasmin** | wirkt entspannend auf das weibliche Geschlechtsorgan. |
| **Fenchel** | Vitamin C und carotinreiches Wintergemüse. |
| **Kakao** | erotisierend, harntreibend und entwässernd, koffeinhaltig.<br>*Exkurs: Eine heiße Schokolade mit einer Prise Chili ist der Lustförderer schlechthin, sollte diese explosive Mischung in flüssiger Form beim Vorspiel zum Einsatz kommen, ist der Erfolg garantiert.* |
| **Kaviar** | leicht verdaulich, reich an Vitaminen, Eiweiß und Mineralstoffen.<br>*Exkurs: Schon Katharina II verspeiste jeden Morgen ein Omelett mit Kaviar.* |

| | |
|---|---|
| **Knoblauch** | tonisierend, die schwefelhaltige Verbindung fördert die Durchblutung des Genitalbereiches.<br>*Exkurs: Die eher lusthemmenden Ausdünstungen lassen sich durch das Karamellisieren einschränken, ergänzend nimmt auch Ingwer dem Knoblauch die Geschmacksspitzen. Den tibetischen Mönchen war es lange Zeit nicht erlaubt, Knoblauch zu essen, weil der den Ruf hatte, gewisse Leidenschaften zu fördern.* |
| **Koriander** | reich an Kalzium, Phosphor, Eiweiß und Vitamin C., wirkt luststeigernd und krampflösend. |
| **Muskat** | enthemmende und berauschende Wirkung. |
| **Petersilie** | sehr viel Vitamin C, Carotin, die ätherischen Öle regen sexuell an. |
| **Pfeffer** | anregend, „heißes" Liebesmittel, bei Genuss dieses Würzmittels werden die Harnwege gereizt und dadurch die Libido und sexuelle Empfindungen gestärkt. Vorsicht: enthält Scharfstoff Piperidin, der nicht auf die Schleimhäute gelangen sollte.<br>*Exkurs: Durch Jahrhunderte war Pfeffer das teuerste Gewürz (gepfefferte Preise) und wurde deswegen sogar als Zahlungsmittel verwendet. Es galt als besonders fein, nach dem eigentlichen Mahl Pfefferkörner separat zu verspeisen.* |
| **Rosmarin** | altbewährtes Heilmittel, in Verbindung mit Schokolade belebt es die Sinne. |
| **Sellerie** | enthält hormonähnliche Substanzen, die den Sexual-Lockstoffen gleichen, es soll in der Hauptsache gegen sexuelle Unlust beim Mann wirken.<br>*Exkurs: Die Römer widmeten den Sellerie dem Gott Pluto, dem Gott des Sexes. Heute noch ist der Sellerie in Europa eines der bekanntesten pflanzlichen Aphrodisiaka.* |
| **Spargel** | enthält aphrodisierende Substanzen. Phosphat, Kalium und Kalzium setzen in kurzer Zeit große Energiemengen frei. Spargel macht auf angenehme Weise satt, wirkt entwässernd und hält schlank.<br>*Exkurs: Weibliche Unlust kann sich bei dem Genuss dieses schmackhaften Gemüses in pure Leidenschaft verwandeln, da trotz eines ausgiebigen Mahls das Völlegefühl ausbleibt. Auch beim sorgsamen Verspeisen dieses Edelgemüse bleiben gewisse erotische Fantasien beim ihm nicht aus.* |
| **Spinat, Grünkohl, Brokkoli, Topinambur** | sind mit erstklassischen Vitamin B – Werten ausgestattet, diese wirken sexuell stimulierend. |
| **Tomaten** | der rote Liebesapfel ist ein großer Vitamin- und Kohlehydratlieferant, die direkt wieder verbrannt werden können. |
| **Vanille** | harmonisierend, der enthaltende Duftstoff Vanillin ähnelt den menschlichen Sexual-Lockstoffen. |
| **Wein, Schaumweine** | durch den Alkoholgehalt kommt eine enthemmende Wirkung zum Tragen, daher nur in Maßen genießen.<br>*Exkurs: Beim Vorspiel eignet sich Sekt mit Erdbeeren prächtig zur allgemeinen Luststeigerung.* |
| **Zimt** | krampflösend und stimulierend, besonders Frauen mögen oft einen dezenten Zimtgeruch. |
| **Zwiebel** | die enthaltenen Senföle fördern nicht nur die Tränendrüsen, sondern auch die Leidenschaft. |

Damit die Begehrlichkeiten (Libido) erhalten bleiben, braucht der Körper eine Vielzahl von Nährstoffen. Bei Frauen ist eine gute Versorgung mit Vitaminen und Folsäure wichtig für die Fruchtbarkeit. Männer hingegen benötigen vor allem Zink und Spurenelemente für die Bildung und Beweglichkeit der Spermien. Phenylethylamin, ein hirneigener Botenstoff, der zum Beispiel in Schokolade zu finden ist, soll die Verliebtheit so richtig anzukurbeln.
Während der Verzehr von Austern, Granatapfel und Kaviar harmlos ist, ist der zurzeit wachsende Verkauf von luststeigernden chemischen Mitteln zweifelhaft, wenn nicht sogar gesundheitsschädlich.

Im Gegensatz dazu steht das gemeinsame Mahl. Eine rauschende Liebesnacht ähnelt einem zauberhaften Gourmetmenü mit vielen Höhepunkten und aufeinander abgestimmten Leckerbissen. Wichtig ist nicht nur, wie etwas schmeckt oder riecht, sondern auch wie es dargeboten wird. Zu einem schönen erotischen Mahl gehört auch die richtige Atmosphäre. Achten Sie daher bei Ihrem Liebesmahl auf Blumen, Kerzen und einen ansprechend gedeckten Tisch. Wenn dann noch die Musik und die Grundstimmung passen, sind die besten Voraussetzungen für einen unvergessenen Abend erfüllt. Eine leidenschaftliche Nacht bewirkt Erstaunliches. So manch kleiner Casanova ist am Tag danach entspannter, glücklicher und voller Energie.

Ein befriedigendes Sexualleben hält aber nicht nur die Seele im Gleichgewicht, sondern auch den Körper gesund. So bringt regelmäßiger Sex nicht nur das Immunsystem auf Trab, sondern ist auch gut für die Figur, diese Thesen sind wissenschaftlich erwiesen. Gerade darum stellt sich die Frage, warum wir unsere Ernährung und unser Sexualleben meist getrennt betrachten, wobei beides voneinander abhängig ist und maßgeblich unser Wohlbefinden steuert.

## Können Lebensmittel auch lusttötend wirken?

Dieses gegensätzlich wirkende Mittel wird Anaphrodisiakum genannt.
Hier gilt, alles in Maßen genießen, eine Überdosierung egal welcher Lebensmittel kann schnell ins Gegenteil umschlagen. Eine Übermenge an Muskat gilt als giftig, es schädigt die Leber und hat für manche Menschen bei übermäßigem Genuss eine halluzinogene Wirkung. Auch sollte vermieden werden, äußerst fettreich zu speisen, da dies naturgemäß zur schnellen Ermüdung führen kann, dies trifft natürlich auch auf übermäßigen Alkoholkonsum zu.
Die beschriebenen, erotisierenden, anregenden Lebensmittel sollen nicht verwechselt werden mit Produkten aus der Lebensmittelindustrie, die uns einen Zusatznutzen versprechen. Ob ein Joghurt so wichtig ist wie ein kleines Steak oder sogar Abwehrkräfte mobilisiert, bleibt doch recht zweifelhaft. Diese Produktstrategie steckt zurzeit noch in den Kinderschuhen, wird aber sicherlich noch verstärkt auf den Markt drängen. Es bleibt daher dringend festzuhalten, ein Lebensmittel ersetzt keinen Arzt oder Apotheker. Legendlich die Inhaltstoffe der natürlichen Lebensmittel können eine gewisse Grundstimmung unterstützen. Daher spielen Ambiente und Emotionen eine tragende Rolle. Immer weniger Freizeit verleitet heute viele dazu, die Hauptmahlzeiten in Form von Fastfood zu sich zu nehmen. Dies muss nicht unbedingt über die Systemgastronomie erfolgen, auch die eigene Küche bleibt hiervon nicht verschont. Convenience Produkte beherrschen den Markt und werden oft nicht mehr als solche wahrgenommen.
Gerade das gemeinsame Kochen und Speisen sorgt für den Mehrwert in einer Beziehung. Bei der Zubereitung und beim Essen findet automatisch eine Kommunikation statt und „Liebe geht bekanntlich durch den Magen“. Eine gesunde und ausgewogene Ernährung hat sicherlich einen großen Anteil am eigenen Wohlbefinden, was sich positiv auf den Partner überträgt. Gesundheitsbewusste Ernährung muss nicht immer aufwendig und teuer sein. Nur der bewusste Umgang mit Lebensmitteln kann hier der Schlüssel zum Erfolg sein.

# Das 1 x 1 einer gesunden Ernährung:

## Jahreszeiten

Fälschlicherweise wird oft angenommen, dass eine möglichst hohe Zuführung von bestimmten Nährstoffen eine positive Auswirkung auf unsere Gesundheit und somit auf unser Wohlbefinden hat. Dass dies nicht so ist, dürfte einem gesundheitsbewussten Menschen klar sein. Eine abwechslungsreiche Ernährung gepaart mit frischen Zutaten garantiert den Erfolg. Allein aus dieser Schlussfolgerung leitet sich die erste Erkenntnis ab. Eine Ernährung abgestimmt auf Jahreszeiten, sprich europäische Saisonzeiten der Lebensmittel, sorgt für den gewünschten Wohlfühleffekt. Genau aus diesem Grund habe ich die folgenden Rezepte grob nach Saisonzeiten geordnet. Weiterführende Angaben hierzu finden Sie im Internet unter http://www.lebensmittellexikon.de.
Dieses Vorgehen ist bei vielen frischen Zutaten sehr wichtig, aus eher geschmacksneutralen Lebensmitteln kann schwerlich ein geschmackvolles und natürlich zubereitetes Gericht gekocht werden.

An dieser Stelle möchte ich gerne zwei anschauliche Paradebeispiele aus meiner Praxis wiedergeben. Bereits im März verlangt ein gewisser Gästekreis nach Erdbeeren, es ist für unseren Lieferanten kein Problem, diese Nussfrucht zu liefern. Ich muss sagen wir weigern uns, diese roten Verführer verfrüht anzubieten, da ich während meiner gesamten Laufbahn noch keine verspeist habe, die zu diesem Zeitpunkt auf natürlichem Wege über ausreichend Geschmack verfügt. Das Schizophrene daran ist, sobald die hiesigen Bauern mit der Ernte beginnen, sinkt - qualitätskonträr - die Nachfrage, beim Spargel sieht es nicht anders aus. Nicht immer ist schneller, weiter, höher das Beste, schon gar nicht beim Kochen. Das zweite Beispiel ist zugegebener Maßen ein regionales Thema, aber dennoch logisch, sollte man zumindest meinen. Mein Lebensmittelpunkt ist Bernkastel-Kues an der Mosel, eine Hochburg für edle Rieslingweine. Hier beginnt die Ernte der Frühsorte bekannter Maßen im September. Mittlerweile verlangen manche Personen bereits Anfang August nach Federweißer (süßer Traubenmost, der gerade begonnen hat zu gären). Die Trauben hängen nachweislich noch in Sichtweite am Stock. Den besten Federweißen gibt es, wie soll es anderes sein, erst Anfang Oktober.

## Abwechslung

Da der Deutsche, wenn es um die Hauptbestandteile eines Gerichtes geht, zunächst an Fleisch denkt, ist für viele nichts Außergewöhnliches. Wenn man sich aber die Frage stellt, warum der Fisch hier nicht die gleiche Beachtung findet, liegt einem die Antwort nicht direkt auf der Zunge. Nach Argumenten für mehr Fischkonsum muss man indes nicht lange suchen. Das Angebot ist breit, er ist gesund und hat im Vergleich zum Fleisch einen geringeren Fettanteil.
Eine Theorie besagt, dass es früher nicht jedem vergönnt war, frischen Fisch zu verspeisen. In manchen Orten war es geografisch eben nicht möglich, frischen Fisch zu kaufen und wenn überhaupt, war die Qualität nicht zufriedenstellend. Aus dieser Betrachtung heraus ist es erklärbar, das manche Leute bei Fisch einen gewissen Geruch vorausgesetzt haben. Frischer Fisch ist frei von solchen Begleiterscheinungen. Eine ausgewogene Ernährung, mit mindestens zwei Fischmahlzeiten in der Woche, steigert das Wohlbefinden und somit auch das Liebesleben.

Wenn jetzt noch die richtige Mischung, sprich Abwechslung hinzukommt, ist der Grundstein zur gesundheitsbewussten Ernährung gelegt. Die jahreszeitliche und frische Komponente sorgt für eine ideale Konstellation. In den nachfolgenden Rezepten können Sie genau diese Gedankengänge wiederfinden.

Das Kochen zu zweit ist sicherlich zunächst eine Herausforderung, die aber schnell zu einem festen Ritual werden kann und eine willkommene Abwechslung zum tristen multimedialen Alltag darstellen kann. Das gelingt sicherlich nicht jeden Abend, muss es auch nicht, es soll ja schließlich etwas Besonderes sein.

# Frühling

# Vom Fischer und seiner Frau

## Bachforelle / Schmorgurke / Kaviarcreme

20g Butter
Helles Mirepoix
(Lauch, Zwiebel, Sellerie)
Fischgräten (von der Forelle)
1 Stückchen Sternanis
Schale von ½ Zitrone
4 Nelken
Fenchelkraut von einem Fenchel
Meersalz

4 Forellenfilets

1 Schuss feinherber Riesling
feine Würfel von:
1 Tomate
½ Zwiebel
1 Lauchzwiebel
¼ Fenchel
2 Kapernäpfel

1 Schmorgurke
1 TL geriebener Ingwer
½ TL Weißweinessig
1 Zweig frischer Kerbel

50g Schmand
1 Msp Guarkernmehl
1 Schuss Verjus
20g Deutscher Kaviar
20g Forellenkaviar

Sollten Sie schon entgräteten Fisch kaufen, lassen Sie sich vom Händler einfach die Fischparüren mitgeben.

Für den Fischfond das Mirepoix und die Fischgräten in Butter farblos anschwitzen, mit 1l Wasser auffüllen und zum Sieden bringen. Sternanis, Zitronenschale, Nelken und Fenchelkraut dazugeben und mit Meersalz abschmecken.

1 Schmorgurke waschen, schälen, hauchdünn aufschneiden und mit Meersalz leicht salzen. Alles mit den übrigen Zutaten abschmecken.

Für die Kaviarcreme den Schmand mit Guarkernmehl und einem Schuss Verjus verrühren und den Kaviar vorsichtig unterheben.

Die entgräteten Forellenfilets in den Fischfond geben, 5 Min pochieren. Herausnehmen und in Alufolie warmstellen.

Achten Sie beim Herstellen des Fischfonds darauf, dass dieser nicht kocht, der Fond wird sonst schnell trüb.

Den Fond durch ein Sieb passieren und auf 0,1l reduzieren lassen. Jetzt Wein, Gemüsewürfel und Kapernäpfel zufügen und verrühren. Das Dressing sollte lauwarm sein.

Guarkernmehl ist im Reformhaus erhältlich, ebenso Verjus.
Verjus (Grünsaft, mittelalterlich: Agrest) ist ein saurer Saft, der aus unreifen Trauben gepresst wird und eine gute Alternative zum Essig ist.

# Die kleine Meerjungfrau

## *Jacobsmuscheln / Spargel / Vanillesoße*

6 Jakobsmuscheln
Verjus
Orangensaft
Öl
Butter

6 Stangen weißer Spargel
4 Stangen grüner Spargel
Butter
Salz
etwas Zitrone

**Reduktion**
1 EL Weißweinessig
50ml Wasser
4 Pfefferkörner
1 Schalotte

**Spargelsalat**
1 EL Butter
1 TL Zucker
1 Spritzer Orangensaft
1 Spritzer Weinessig
Spargel in feinen Scheiben
Scheiben von 6 Kapstachelbeeren
Meersalz
Pfeffer

Reduktion
4 Eigelbe
5EL feinherber Weißwein
250g Butter
½ Vanilleschote
Chilifäden
Saft von ½ Zitrone
Meersalz
Walnussöl
Orangensaft

Für die Reduktion den Weißweinessig, Wasser, Schalotte und Pfefferkörner erhitzen und auf die Hälfte reduzieren lassen.

Den weißen Spargel schälen, evtl. das Holzige wegbrechen, den grünen Spargel nur am Ansatz schälen, in Wasser mit 1 Msp Butter, Salz und Zitrone bissfest garen. Anschließend zurechtschneiden, die Endstücke dabei in feine Scheiben schneiden. Den Spargel vor dem Servieren in warmer Butter schwenken. Falls vorhanden, sollte der Spargel in Spargelfond gekocht werden.

Für den Spargelsalat alle Zutaten in Butter schwenken und mit Weinessig, Meersalz und Pfeffer abschmecken. Für den Salat können auch rohe Spargelscheiben verwendet werden, das gibt dem Ganzen noch etwas mehr Spritzigkeit. In dem Fall werden die Spargelenden vor dem Kochen abgetrennt.

Die Muscheln mit Verjus und Orangensaft säuern, anschließend würzen und mehlieren. In der Pfanne scharf anbraten, Hitze drosseln, Muscheln umdrehen und in Butter gar ziehen lassen.

Nun die Reduktion mit dem Eigelb und dem Wein im Wasserbad bei bis zu 65 °C aufschlagen.

Die Butter mit der Vanilleschote erhitzen, die Molke abschöpfen und durch ein grobes Sieb passieren. Anschließend zart in die Masse unterrühren und mit Chilifäden, Zitronensaft, Meersalz, Walnussöl und Orangensaft abschmecken.

Ableitung von Sauce Hollandaise (siehe Grundsoßen)
Molke ist die Flüssigkeit, die beim Herstellen von Butter entsteht, beim Verflüssigen von Butter setzt sich diese weiß ab.
Die Butter darf nicht zu heiß sein, außerdem sollte das Zutun der Butter zu Beginn tröpfchenweise erfolgen. Wird die Soße zu fest, kann man dem mit Zugabe der Molke oder Wasser wieder entgegenwirken.

# Gullivers sagenhafte Reise

## *Wildkräutersalat / Rinderfilet / Riesengarnelen*

2 Kopfsalatherzen
1 Bund Wildkräuter
wie z.B. Sauerampfer, Löwenzahn
Rucola, Pimpinelle,
Erdbeerspinat, Blutampfer,
Spitzwegerich, Schildampfer,
Giersch, Knoblauchsrauke,
Felsenblümchen, Kresse,
Barbarakraut, Vogelmiere,
Blüten, Tripmadam,
Weinbergslauch, Bärlauch

6 kleine Strauchtomaten
1 kleine Gurke
feine Würfel von einer Zwiebel

Salatdressing siehe Anhang

Reisteigplatten

200g Rinderfilet
Thai Chili
1 Strauß Petersilie
etwas Distelöl

4 Riesengarnelen
Zitronensaft
Meersalz
etwas Butter

Die Reisteigplatten in Wasser einweichen, abtrocknen, in die Fritteuse oder ein Fettbad geben, mit Suppenkellen eindrücken, damit sich beim Frittieren ein Körbchen bildet.

Für den Kräutersalat die Zutaten putzen, waschen, rupfen, die Tomaten und die Gurke waschen und klein schneiden. Alles zusammen mit den Zwiebelwürfeln mischen und erst kurz vor dem Anrichten das Dressing dazugeben.

Das Rinderfilet portionieren, in Distelöl medium braten, mit Thai Chili und Petersilie würzen und in Alufolie 5 Min ruhen lassen.

Die Riesengarnelen in Butter braten, anschließend mit Zitronensaft und Meersalz würzen.

Den Salat in die Reiskörbchen füllen, das Rinderfilet wenden, auf einen Teller setzen, darauf je 2 Riesengarnelen anrichten.
Hierzu passt hervorragend eine Süß-Saure-Soße (Rezept siehe Anhang) in einem extra Schälchen zum Dippen.

# Das Märchen vom guten Kartoffelkönig

## *Kartoffelklößchen / Frühlingsspinat*

300g Kartoffeln
Salz

1 Eigelb
100g Grieß
50g Mehl
Meersalz

1 kleine Zwiebel, gewürfelt
20g Butter

250g Blattspinat
25g Zwiebelwürfel
50g Butter
1 Knoblauchzehe

Meersalz
Pfeffer
Muskat
Paprika

50g Parmesan
Zitronensaft
Beurre Blanc (Rezept siehe Anhang)

Die Kartoffeln schälen, in Salzwasser kochen und zerstampfen. Mit dem Eigelb, Grieß und Mehl vermengen und mit Meersalz abschmecken. Dann zu kleinen Klößchen formen und in siedendem Salzwasser 8 Min garen. Kurz vor dem Servieren in Butter und Zwiebeln schwenken.

Den Spinat putzen, vom Stiel befreien und waschen. Einen Topf mit der Knoblauchzehe ausreiben, die Zwiebeln in der Butter anschwenken und den Spinat hinzugeben. Alles mit Meersalz, Pfeffer, Muskat und Paprika abschmecken.

Den Spinat in tiefen Tellern anrichten, die Klößchen und Beurre Blanc (abgeschmeckt mit Muskat) dazugeben und den Parmesan darüberreiben.

# Das gute Kalb

## *Kalbsrücken / Spargel / Kartoffeltörtchen*

400g Kalbsrücken
etwas Mehl

**Knoblauchwürze**
100g Butter
1 TL Zucker
6 Knoblauchzehen
Blattpetersilie
Meersalz

**Paprika-Ingwer-Kruste**
30g rote Paprika
10g frischer Ingwer
20ml Olivenöl
1 Scheibe Toast
Meersalz
Pfeffer

1 Bund grüner Spargel
2 EL Butter
1 Prise Zucker
1 Schuss Verjus
Meersalz

2 mittelgroße Kartoffeln
2 Eier
80ml Sahne
Meersalz
Pfeffer aus der Mühle

50g Gouda
Gartenkresse

Für die Knoblauchwürze die Butter erhitzen, den Zucker hinzugeben, die Knoblauchzehen und die Blattpeterslilie mitschwenken und alles mit Meersalz abschmecken. 2 Knoblauchzehen aufheben, den Rest im Mixer zerkleinern.

Den Paprika im Backofen 10 Min rösten, die Haut abziehen und das Paprikafleisch passieren. Den Ingwer und den Toast fein reiben, mit Paprika, Olivenöl, Meersalz und Pfeffer mixen.

Die Kartoffeln waschen, schälen, in dünne Scheiben schneiden und in kleine Förmchen schichten. Eier, Sahne, Salz und Pfeffer verquirlen und die Förmchen damit auffüllen. Mit geriebenem Gouda bestreuen und im Ofen bei 180 °C ca. 15 Min backen. Nach Belieben vor dem Servieren mit der Gartenkresse bestreuen.

Den Spargel bis zum Grün am Stängel abschneiden (grüner Spargel muss nicht geschält werden), bissfest garen und anschließend in Butter, Zucker, Verjus und Meersalz schwenken. Reichen Sie zu dem Spargel Sauce Hollandaise (Rezept siehe Anhang).

Den Kalbsrücken portionieren, mehlieren und in der Pfanne goldbraun anbraten. Anschließend im Ofen bei 80 °C 20 Min garen und nach Belieben mit der Knoblauchwürze abschmecken. Kalbsrücken 5 Min an einem warmen Ort ruhen lassen, die Paprika-Ingwermasse darübergeben und gratinieren. Vor dem Servieren je eine Knoblauchzehe auf die Kruste geben. Dazu passt eine dunkle Grundsoße (Rezept siehe Anhang).

# Der kleine Mohr und die Goldprinzessin

## *Passionsfrucht / Schokoladeneis / Ingwerstreusel*

125g Passionsfruchtpüree
125g flüssige Butter

2 Eier
75g Zucker

125ml Milch
125ml Sahne

2 Eigelb
60g Zucker

10g Kakao
15g Schokolade

5g Ingwer gerieben
20g weiße Schokolade

Milch und Sahne aufkochen, das Eigelb mit dem Zucker verrühren, den Kakao und die Schokolade auf 75 °C erhitzen. Alles vermischen, einfrieren und jede ½ Stunde aufrühren, bis das Eis die Konsistenz von Softeis hat.

Die weiße Schokolade im Wasserbad schmelzen, mit dem Ingwer verrühren und in einer Silikonform einfrieren.

Das Passionsfruchtpüree mit der flüssigen Butter vermengen und auskühlen lassen. Die Eier mit dem Zucker im Wasserbad schaumig rühren und unter das Püree heben.

Das Passionsfruchtpüree schmeckt, in Verbindung mit dem Eis, lauwarm am besten. Daher erst kurz vor dem Verspeisen die Fruchtsoße dazugeben.

Die gefrorene Ingwerschokolade über das Eis reiben und mit einem Blatt Zitronenmelisse dekorieren.

Sommer

# Sterntalers Süppchen

## *Klare Gemüsesuppe / Steinpilznocken*

3 Eiweiß
100g Rinderbug gewolft
10g Tomatenmark
1 Msp Basilikumpaste

200g vollreife Strauchtomaten
0,5l Tomatensaft
1l Gemüsebrühe (siehe Anhang)

1 Gemüsebündel (Möhren, Sellerie, Lauch)
2 geschwärzte Zwiebelhälften

Pfefferkörner
Nelke
Piment
Lorbeerblätter

Salz
Portwein

Gemüseeinlage
1 Zucchini
1 Kartoffel
1 Möhre

150g schieres Putenfleisch
150g Sahne
35g Toast ohne Rinde
1 Ei
6g Salz
30g getrocknete Steinpilze

Eiweiß, Rinderbug, Tomatenmark und Basilikumpaste in einem Topf vermengen. Die zerkleinerten Strauchtomaten, Tomatensaft und Gemüsebrühe hinzugeben und alles langsam bis zum Siedepunkt erhitzen. 10 Min sieden lassen.
Die Zwiebelhälften in einer Pfanne ohne Fett auf der Schnittfläche dunkel werden lassen und zusammen mit dem Gemüsebündel in die Brühe geben und 15 Min mitgaren. Pfefferkörner, Nelke, Piment und Lorbeerblätter hinzu und für weitere 10Min köcheln. Durch ein Tuch passieren, etwas reduzieren lassen und mit Salz und Portwein abschmecken.

Das Gemüse für die Einlage waschen, schälen, in Rauten schneiden (oder beliebige Formen ausstechen) und in der fertigen Brühe 10 Min garen.

Die Zutaten für die Steinpilznocken in der Küchenmaschine zu einer Farce verarbeiten, Nocken abstechen und mit den Gemüserauten in der fertigen Brühe garen.

Die Farce muss am der Tag der Herstellung weiter verarbeitet werden und sollte währenddessen immer gekühlt werden.

Bei der Herstellung von klaren Suppen ist es sehr wichtig, dass die Lebensmittel langsam ausgekocht werden.
So gehen mehr Aromen in die Suppe über und bleiben dort auch erhalten.

# Die Melone der Unsterblichkeit

## *Kaltschale / Basilikumpesto*

500g Fleisch von der Wassermelone
Fleisch von einer Tomate
1 Paprika – enthäutet
1 Zwiebel gewürfelt
60ml Tomatensaft
1 EL Olivenöl
1 TL Grenadine

75g Basilikum
50g Pinienkerne
1½ Knoblauchzehen
0,1l Traubenkernöl

Meersalz
Pfeffer aus der Mühle

Die Zutaten für die Kaltschale mixen, durch ein feines Sieb passieren und kühlen.

Für das Basilikumpesto alle Zutaten mixen und mit Meersalz und Pfeffer aus der Mühle würzen.

Das Pesto separat reichen, so kann jeder nach Belieben zugreifen.

Gekühlt ist das Pesto einen Monat haltbar.

Servieren Sie diese kühle Suppe an heißen Sommertagen mit gerösteten Pinienkernen als Einlage.

# Vom bösen Wolf

## *Wolfsbarsch in Lavendelsalz / Fenchel*

**Lavendelsalz**
Mischungsverhältnis nach Volumen
1:1:1 Zucker, Meersalz, Lavendelblätter

4 Wolfsbarschfilets entgrätet

1 Fenchel
Piment

2 EL Naturjoghurt
1 Schuss Noilly Prat

Die Zutaten für das Lavendelsalz mischen.

Nach Vorliebe können auch andere Kräuter verwendet werden. Das Salz eignet sich auch hervorragend zum Würzen von Speisen und kann auf Vorrat hergestellt werden, in dem Fall lässt man den Zucker weg.

Die Wolfsbarschfilets auf einem mit Klarsichtfolie bedeckten Tablett ausbreiten und mit dem Lavendelsalz bedecken. Vorsicht: An den dünneren Seiten weniger Salz verwenden. Das Ganze für 10 Stunden kühl stellen.

Das Lavendelsalz sorgt dafür, dass dem Fisch Wasser entzogen wird, dabei zieht das Aroma des Lavendels in den Fisch ein. Ein Beschweren des Fisches beschleunigt diesen Vorgang.

Den Fenchel waschen, dünn aufschneiden (das Fenchelgrün aufheben), im Ofen goldbraun rösten und mit Piment würzen.
Naturjoghurt mit Noilly Prat verrühren und fein geschnittenes Fenchelgrün dazugeben.

Die Filets nach dem Marinieren abwaschen und hauchdünn aufschneiden.

# Der Pfifferling und der Lammzauber

## *Lamm am Stiel / Pfifferlinge / Balsamicotomaten*

| | | |
|---|---|---|
| 500g Lammkarree | 1 EL Butter<br>30g Speckwürfel | ½ Knoblauchzehe, zerdrückt<br>1 EL Butter |
| Salz<br>Pfeffer | 1 Zwiebel, gewürfelt | 1 EL Olivenöl<br>6 Ministrauchtomaten<br>3 EL Wasser |
| Thymianzweig | 150g Pfifferlinge | 3 EL Balsamico |
| 8 Bratlinge | Meersalz<br>Pfeffer<br>Petersilie | Oregano<br>Basilikum<br>Meersalz |

Das Lammkarree parieren, mit Salz und Pfeffer würzen und in der Pfanne anbraten. Anschließend auf einen Thymianzweig legen und im Backofen bis auf 54 °C Kerntemperatur garen. In Alufolie einpacken und an einem warmen Ort 5 Min ruhen lassen.

Die Bratlinge waschen und in Salzwasser, mit der Schale, gar kochen.

Für die Pfifferlinge die Speckwürfel in der Butter anschwitzen, Zwiebelwürfel dazugeben, mitschwitzen und dann die geputzten Pfifferlinge mitschwitzen. Mit Meersalz, Pfeffer und Petersilie abschmecken.

Die Tomaten waschen, anschneiden und mit den anderen Zutaten im Topf auf kleiner Hitze anschwenken.
Mit Oregano, Basilikum und Meersalz abschmecken.

Vor dem Anrichten das Lamm in gleichmäßige Scheiben tranchieren. Die Soße auf den Teller geben, Pfifferlinge dazu und die Lammscheiben dazwischen setzen. Mit den Bratlingen servieren.

Parieren heißt von Fett und Sehnen befreien, diese können dann für den Soßenansatz (Lammjus siehe Anhang) verwendet werden.
Die Pfifferlinge nicht in Wasser säubern, sondern mit einem kleinen Messer, Pinsel oder feuchtem Tuch vom Schmutz befreien.
Schwarzer Pfeffer aus der Mühle ist bei Pilzen unerlässlich.

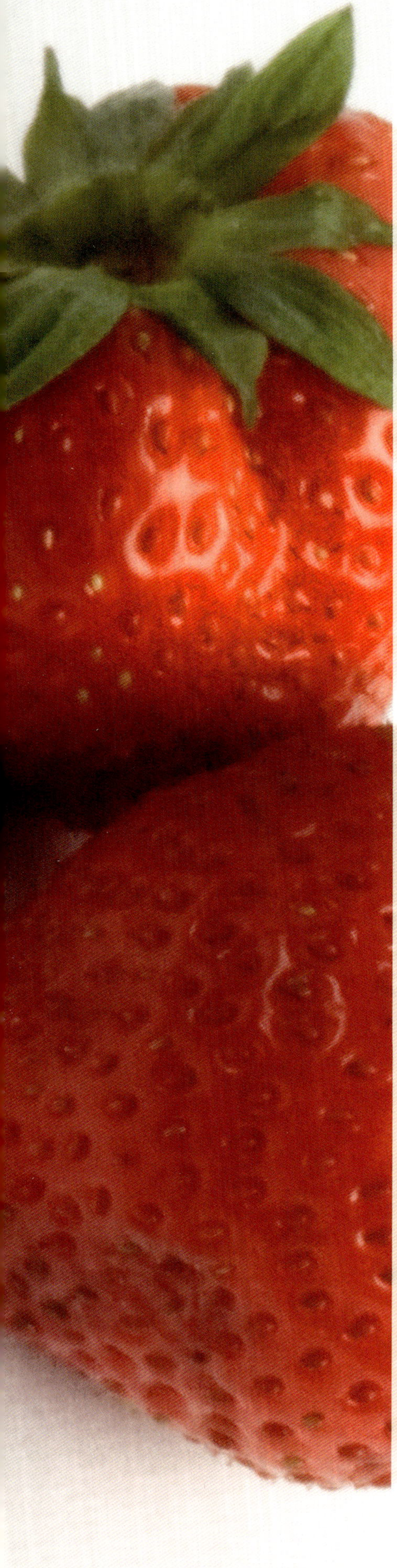

# Rotkäppchens süße Träume

## *Mousse / Erdbeerkompott / Kiwiaspik*

175g weiße Schokolade

2 Eigelb
20ml weißer Rum

1 Eiweiß
1 EL Zucker

8g Iotazoon
250ml Sahne

1 Vanilleschote

100g Erdbeeren, geputzt
1 Schuss Grand Marnier

100g Kiwis, geputzt
7,6g Iotazoon

Die Schokolade im Wasserbad schmelzen. Das Eigelb und den Rum in einem Wasserbad bis zur Bindung warm aufschlagen und mit der geschmolzenen Schokolade verrühren. Das Eiweiß mit dem Zucker kalt aufschlagen. Die Sahne mit 8g Iotazoon ebenfalls kalt aufschlagen, die Vanilleschote auskratzen. Alles nach und nach unter die Schokoladen-Ei-Masse heben und hohe Gläser zu 1/3 befüllen.

Die Kiwis mixen, durch ein Sieb streichen, den Kiwisaft kurz erhitzen und das Iotazoon einrühren. Schnell auf eine Silikonmatte gießen, da das Gelee schnell anzieht. Jetzt nach Wunsch Formen ausstechen.

Die Erdbeeren mit dem Grand Marnier mixen.

Die Abschnitte vom Kiwigelee klein hacken, auf die Mousse geben und mit dem Erdbeerkompott auffüllen. Die ausgestochenen Kiwiformen werden als Garnitur verwendet.

Iotazoon, gewonnen aus Rotalgen, kann als vegetarischer Ersatz für Gelatine verwendet werden. Es ist besonders für Milchprodukte geeignet, da es gut in Verbindung mit Kalzium geliert. Die Gele sind zwar nicht hitzestabil, aber das Auftauen und Einfrieren vertragen sie sehr gut.

# *Des Schmetterlings Früchte*

## *Blaubeereis mit Zitronengrasluft / Champagnermousse / Cassisfeige*

225g Heidelbeeren, gewaschen
100g Zucker
250ml Sahne
1 Schuss Zitronensaft

**Zitronengrasluft**
250ml Wasser
Stange Zitronengras

3g Lecite

75g Champagner
3 Eigelb
25g Zucker

3,5g Iotazoon
1 Schuss Limettensaft

75g Sahne

2 Feigen gewaschen, halbiert
100ml schwarzer Johannisbeersaft
1 Schuss Cassis

Die Zutaten für das Blaubeereis zusammen im Mixer verrühren und einfrieren. Alle ½ Stunde umrühren, bis die Masse cremig gefroren ist, oder in eine Eismaschine geben.

Für die Mousse den Champagner, das Eigelb und den Zucker im Wasserbad warm aufschlagen.

Die Sahne kalt aufschlagen, zusammen mit dem Limettensaft und dem Iotazoon unter die Champagnermasse heben. In einen Siphon mit einer Stickstoffkapsel füllen und mindestens 3 Stunden kühlen.

Johannisbeersaft mit Cassis aufkochen, die Feigen dazugeben und nochmals kurz aufkochen und beiseitestellen.

Für die Zitronengrasluft das Zitronengras in Wasser weich kochen, auskühlen, 3g Lecite zufügen und mit dem Zauberstab hochziehen.

Lecite (hergestellt aus Soja) eignet sich sehr gut zur Herstellung von Schäumen. Die Zitronengrasluft ist die ideale Ergänzung zum Blaubeereis. Champagnermousse und Cassisfeige ergänzen sich ebenso gut.

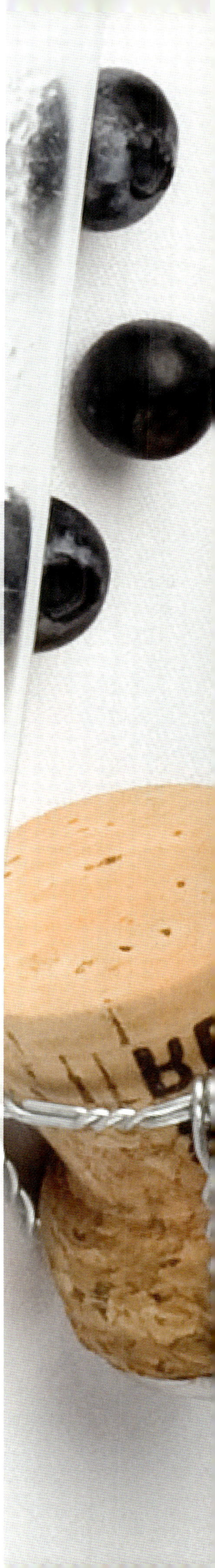

# Herbst

# Die Perlenkönigin

## *Gebackene Austern / Garnitur*

4 Austern

3 Eigelb

80g flüssige Butter
1 Schuss Weißwein
1 Schuss Zitronensaft

1 Scheibe Toastbrot

40g Butter

1 Blatt Radicchio

Die Austern gründlich waschen, aufbrechen und auslösen. Den Fond dabei auffangen und durch ein Sieb passieren. Das Austernfleisch und die Schale säubern, das Fleisch wieder zurück in die Schale setzten.

Das Eigelb mit dem Austernfond im Wasserbad warm aufschlagen.

Die flüssige Butter unterrühren und mit Weißwein und Zitronensaft abschmecken.

Die Soße über die Austern geben und im Ofen bei 220 °C ca. 5 Min goldbraun überbacken.

Vom Toastbrot die Rinde entfernen, in Würfel schneiden und in aufschäumender Butter knusprig braten.

Den Radicchio in Steifen schneiden und zusammen mit den Brotwürfeln über die gebackenen Austern geben.

# Aschenbrödels Linsen

## *Linsensalat / Praline von der Rotbarbe / Frittierter Koriander*

50g rote Linsen
50g braune Linsen
1 Nelke
1 Lorbeerblatt
½ Zwiebel

20g Möhrenwürfel, fein
50g Lauchwürfel, fein
25g Selleriewürfel, fein
feine Würfel von ½ Zwiebel
20g Topinamburwürfel, fein
1 EL Distelöl

Meersalz
Pfeffer
Weinessig
Distelöl

2 Rotbarbenfilets
Salz, Pfeffer

200ml Möhrensaft
10 ML Iotazoon
Salz

**Fischaspik**
100ml Fischfond
1 Blatt Gelatine

**Fischluft**
125ml Fischfond
1,5g Lecite

**Zum Anrichten**
1 Rotbarbenfilet

einige Korianderblätter

Für die Praline die Rotbarbenfilets enthäuten, entgräten, halbieren, zwischen einer Klarsichtfolie plattieren und mit Salz und Pfeffer würzen.

4 Eierbecher mit Folie auslegen und die Filets in die Becher drücken.

Den Möhrensaft mit Iotazoon aufkochen, mit Salz abschmecken, die vorbereiteten Filets mit Möhrengelee füllen, glatt streichen und im Ofen bei 75 °C 8 Min garen. Anschließend Halbkugeln aus der Form nehmen, die glatten Enden mittels Feuerzeug erhitzen und zart zu einer Kugel zusammendrücken.

Für den Linsensalat die Linsen mit der mit Lorbeer und Nelke gespickten Zwiebel bissfest kochen.

Für das Aspik die Gelatine in kaltem Wasser einweichen, ausdrücken und im erhitzten Fischfond auflösen. Jetzt die Kugeln mit dem Aspik bestreichen, hierfür eignet sich am besten ein Silikonpinsel.

Für die Fischluft den Fischfond mit dem Lecite mischen und zusammen mit dem Zauberstab hochziehen.

Die Gemüsewürfel in Distelöl farblos anschwitzen, zu den Linsen geben und alles mit Meersalz, Pfeffer und Weinessig abschmecken. Der Linsensalat sollte lauwarm serviert werden.

Zum Anrichten ein Rotbarbenfilet halbieren, mit Salz und Pfeffer würzen und auf der Hautseite in Öl kross anbraten.

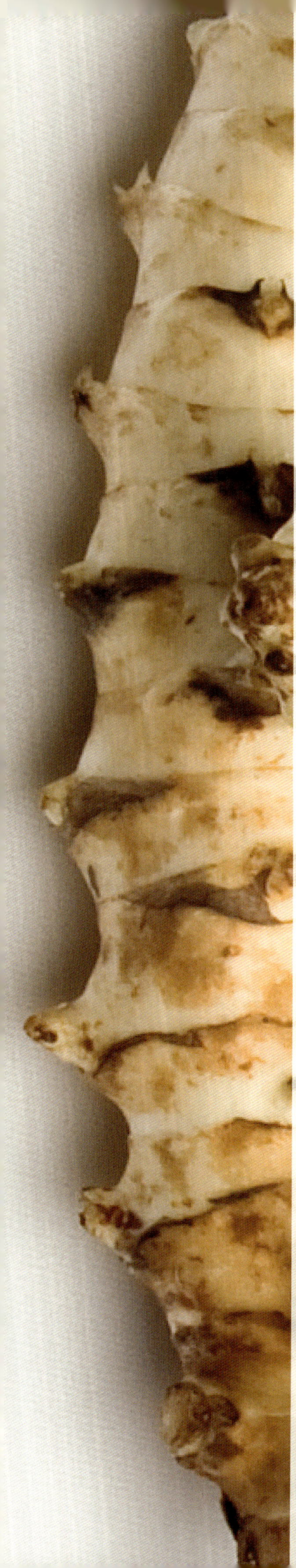

# Der Lebkuchenmann auf Abwegen

## Rehrücken / Lebkuchen / Topinambur-Möhren-Zwiebeln

300g Rehrücken
2 EL Butter
Meersalz
Pfeffer
1 Msp Lebkuchengewürz

1 Msp Fenchelsamen
1 Thymianzweig
1 Rosmarinzweig
50ml Distelöl
1 Knoblauchzehe, geschält

100ml Rotwein
150ml Wildfond

Salz
Pfeffer
etwas Sahne
Mehlbutter

300g Topinambur
1 EL Vitamin C

1 rote Zwiebel, geschält
150g Karotten, geschält

Den Rehrücken grob würfeln, in Butter anbraten, aus dem Bräter nehmen und mit Meersalz, Pfeffer und Lebkuchengewürz würzen.

Topinambur waschen, schälen, grob würfeln, mit Wasser bedecken und Vitamin C hineingeben.

Rote Zwiebel und Karotten ebenfalls grob würfeln.

Topinambur abtropfen und mit Zwiebeln, Karotten, den Kräutern und Knoblauch in Distelöl anbraten. Das Ganze in Ofen bei 180 °C 20 Min garen.

Das Fleisch einsetzen, mit Rotwein und Wildfond auffüllen und bei 80 °C weitere 20 Min garen.

Fleisch und Gemüse aus dem Bräter nehmen, den Fond mit Salz und Pfeffer abschmecken.
Die Mehlbutter einrühren, mit etwas Sahne verfeinern und Fleisch und Gemüse wieder zur Soße geben.

Für die Mehlbutter müssen 1 Teil Mehl und 1 Teil Butter miteinander verknetet werden.
Sparsam verwenden, da Mehlbutter nachbindet. Die Soße 5 Min auskochen, damit man das Mehl anschließend nicht mehr schmeckt.

# Die goldene Gans

## *Gänsekeule Rosmarin / Paradiesapfel / Rotkohlknödel*

2 Gänsekeulen

50g Parierabfälle
2 EL Sahne
1 Scheibe Toast ohne Kruste
½ Ei
1 Msp Tomatenmark
Salz
Pfeffer
1 Rosmarinzweig

2 Äpfel

100g Marzipan
10g Mandeln
10g Rosinen
1 Schuss Rum

30g Entenschmalz
1 Zwiebel, gewürfelt

½ kg fein geschnittener Rotkohl

1 ½ fein geschnittene Äpfel

1 El Essig
1 EL Johannisbeergelee

½ Lorbeerblatt

100ml Wasser
½ EL Mehl
5 EL Wasser

Essig, Salz, Pfeffer, Zucker

1 Ei, Mehl, Paniermehl

Die Gänsekeulen auslösen und parieren. Die Knochen und Sehnen für die Soße aufbewahren (Rezept siehe Anhang).

Aus den Parierabfällen, Sahne, Toast, ½ Ei und Tomatenmark in der Küchenmaschine eine Farce herstellen. Mit Salz und Pfeffer abschmecken.

Die Gänsekeulen mit der Farce füllen, zunähen, auf einen Rosmarinzweig legen und im Ofen bei 80 °C 40 Min garen.

Die Äpfel waschen, vom Kerngehäuse befreien, die Zutaten mit dem Marzipan verkneten und die Masse in die Äpfel füllen.

Die Hitze im Ofen auf 170 °C erhöhen, die Äpfel auf ein Blech setzen und mit den Keulen weitere 10 Min garen.

Für den Rotkohl die Zwiebeln in dem Entenschmalz anschwitzen, Rotkohl, Äpfel, Essig und Johannisbeergelee mitschwitzen. Lorbeer und Nelke in einem Teebeutel (Tee Ei) zugeben und alles mit 100ml Wasser auffüllen.

Den Rotkohl garen, Wasser mit Mehl mischen, abbinden und mit Salz, Pfeffer, Essig und Zucker abschmecken.

Jetzt den Rotkohl gut auspressen und zu Bällchen formen. Diese kurz einfrieren, mit Ei, Mehl, Paniermehl panieren und im Fettbad goldgelb frittieren.

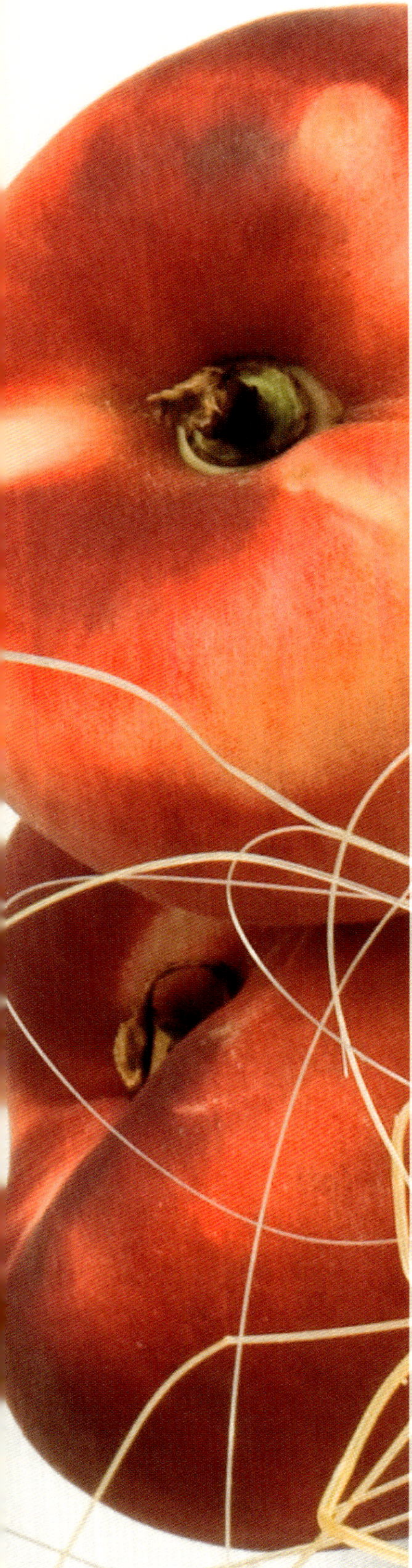

# Der Moselprinz und sein Pfirsich

## Säckchen vom Pfirsich / Eisweineis

**Teig**
350g Mehl
1 Prise Salz
100ml lauwarmes Wasser
1 EL Öl

1 EL flüssige Butter

**Füllung**
4 Pfirsiche
1TL Zitronensaft
15g Rosinen
10g flüssige Butter
15g Paniermehl
1 TL Rohrzucker
1 TL Weinbergspfirsichlikör

¼l Sahne
2 Eigelb

¼l Milch

65g Zucker
2cl Eiswein

Die Zutaten für den Teig zu einem elastischen Teig verarbeiten (10 Min).

Zu einer Kugel formen, mit der flüssigen Butter einpinseln, einschneiden und in Klarsichtfolie eingepackt bei Zimmertemperatur 2 Stunden ruhen lassen.

Für die Füllung die Pfirsiche überbrühen, die Haut abziehen und das Fruchtfleisch in Würfel schneiden. Anschließend alle Zutaten für die Füllung mit dem Fruchtfleisch mischen.

Für die Säckchen die Arbeitsfläche mit Mehl bestäuben, den Teig so dünn wie möglich ausrollen, gegebenenfalls über dem Handrücken dünner ziehen und in Quadrate schneiden.
Eine mittelgroße Suppenkelle mit Backpapier auslegen und den Teig überlappend einlegen. Die Füllung in den Teig geben und die Enden nach oben ziehen. Das Säckchen mit dem Eigelb verschließen.
Die Säckchen in der Fritteuse goldbraun ausbacken, aus der Kelle nehmen, vom Backpapier befreien und auf Küchenpapier setzen. Vor dem Servieren mit Puderzucker bestäuben.

Für das Eis Sahne und Eigelb verquirlen und in die erhitzte Milch einrühren (die Milch darf nicht kochen).

Jetzt den Zucker und den Wein einrühren. Die Masse einfrieren und alle 30 Min umrühren, insgesamt soll das Eis 6 Stunden frieren. Oder geben Sie die Masse in eine Eismaschine.

In der Moselregion sind wir in der glücklichen Lage, frische Weinbergspfirsiche verarbeiten zu können. Diese Pfirsichsorte passt besonders gut zu den anderen Komponenten des Desserts.

# Dornröschens Finale

## *Ziegenkäse-Brûlée / Prickelndes Honigeis / Rosenblätter*

50ml Sahne
50ml Milch
50ml milder Ziegenfrischkäse
3 Eigelb

Pfeffer
Zucker

2 EL brauner Zucker

125ml Sahne
3 Eigelb

250ml Milch

100g Honig
50g Zucker
3EL Rosensirup
½ Vanillestange, ausgekratzt

1 TL Peta Zeta (erhältlich bei bosfood.de)

6 unbehandelte Rosenblätter
1 Eiweiß
2 EL Puderzucker

Die Zutaten für die Brûlée verrühren und mit Salz und Pfeffer abschmecken. In feuerfeste Förmchen füllen und im Ofen bei 160 °C 10 Min garen.

Mit dem braunen Zucker bestreuen und mit einem Brenner karamellisieren, es soll eine knackige Kruste entstehen.

Die Sahne mit dem Eigelb verquirlen.

In die erhitzte Milch einrühren (diese darf nicht kochen).

Jetzt Honig, Zucker, Rosensirup, und Vanillestange dazugeben.

Die Masse durch ein Sieb streichen, einfrieren und alle 30 Min umrühren (insgesamt 6 Stunden), oder verwenden Sie eine Eismaschine.

Peta Zata vor dem Servieren über das Eis streuen.

Das Eiweiß für die Rosenblätter halbfest schlagen, diese damit bestreichen und Puderzucker darüber stäuben. Auf Backpapier trocknen lassen.

Winter

# Schneewittchens scharfer Apfel

## Möhren-Ingwer-Espuma / Apfelsahne / Sesamkrokant

400g Möhren
15g Ingwer

1 TL Traubenkernöl
1l Wasser

Meersalz
Kurkuma
Pfeffer

105ml Sahne
40ml Apfelsaft

50g Butter
40ml Orangensaft
80g Puderzucker

50g Sesamkörner
25g Mehl

Die Möhren und den Ingwer waschen, schälen und grob würfeln.

In Traubenkernöl anbraten, mit Wasser aufkochen, weich kochen und dann fein pürieren.

Mit Meersalz, Kurkuma und Pfeffer abschmecken. In einen Sahnesyphon (mit einer Stickstoffkapsel) füllen. Vorsicht, den Syphon nur mit einem Handtuch anfassen, da er sich sehr schnell aufheizt.

Die Zutaten für die Apfelsahne ebenfalls in einen Syphon mit Stickstoffkapsel füllen.

Für den Sesamkrokant Butter, Orangensaft und Puderzucker aufkochen.
Die Sesamkörner und das Mehl dazugeben und alles zu einem Sirup verkochen.

Die Masse auf eine Silikonmatte streichen und im Ofen bei 170 °C 8 Min goldbraun backen. Auskühlen lassen und in kleine Stücke brechen.

Möhren-Ingwer-Espuma in eine Tasse oder ein Glas spritzen, darauf die Apfelsahne geben. Den Sesamkrokant separat reichen.

Im Syphon wird die Suppe sehr locker und schaumig, so können die vielfältigen Geschmacksstoffe besser wahrgenommen werden.

# Der Goldbutt in der Folie

## *Scholle in der Folie gegart*

4 Schollenfilets

30g Möhrenstreifen
10g Selleriestreifen
20g Lauchstreifen
2 Scheiben Fenchel
0,1l Fischfond
1 Schuss Pernod
1 Msp Vitamin C

Meersalz
weißer Pfeffer
1 Spritzer Zitronensaft
Fenchelsamen

10g Butter
Alufolie

Die Flüssigkeiten mit dem Vitamin C verrühren und die Gemüsestreifen dazugeben.

Die in Vitamin C enthaltene Ascorbinsäure verhindert eine Oxidationsreaktion und das Braunwerden von Obst und Gemüse.

Mit den Gewürzen abschmecken.

Alufolie zu einem Rechteck schneiden (20x40cm) und buttern. Die Folie zu einer Tasche falten.
Alle Zutaten einfüllen, die Scholle soll ausgebreitet sein, nicht gerollt. Die Taschen gut verschließen, es darf keine Flüssigkeit nach außen dringen.

Die Taschen bei 175 °C im Ofen 14 Min garen.

Die Alufolie muss gut verschlossen sein. Der im Ofen entstehende Dampf in der Tasche darf nicht entweichen.
Nach dem Garen die Folie verschlossen auf den Teller legen und erst am Tisch aufschneiden, so entweichen die Duftstoffe erst am Tisch.

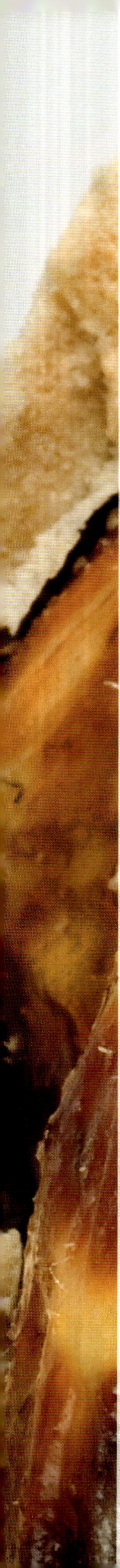

# Vom fremden Hühnerdieb

## Perlhuhn / Mangoldbällchen / Schmelzkartoffeln / Granatapfelschaum

1 gesäubertes Perlhuhn

3 EL gehackte Petersilie
1 EL gehackter Kerbel
1 EL gehackter Estragon
25g Paniermehl
25g Butter
Pfeffer aus der Mühle
1 TL Zitronensaft

1,5kg Tafelsalz
3 Eiweiß, aufgeschlagen

6 Blätter Mangold

1 EL Zwiebelwürfel
½ EL Speckwürfel

Salz
Pfeffer
Kreuzkümmel

0,1l Gemüsebrühe

8 geschälte Kartoffeln

0,2l Brühe
Salz
20g Butter

125ml Granatapfelsaft
1,5g Lecite

Beim Perlhuhn vorsichtig die Haut vom Fleisch lösen.
Dabei nicht die Haut vollständig vom Huhn lösen, sondern nur so, dass eine Tasche entsteht.

Die Zutaten für die Kräuterfüllung kurz im Topf anschwitzen und die Mischung zwischen Fleisch und Haut des Perlhuhns füllen.

Tafelsalz und Eiweiß vermischen und etwas Wasser hinzufügen.

Ein Backblech mit Backpapier auslegen, etwas von der Salzmasse darauf verteilen, das Perlhuhn daraufsetzen und mit dem übrigen Salz komplett verschließen, so gart das Huhn im eigenen Saft und die Kräuteraromen ziehen in das Geflügel ein.
Das Perlhuhn im Ofen bei 200 °C 60 Min garen.

Vom Mangold die 2 schönsten Blätter blanchieren, den Rest waschen und in Streifen schneiden.
Eine kleine Suppenkelle mit einem blanchierten Blatt auslegen.

Den Speck mit den Zwiebeln auslassen, die Mangoldstreifen dazugeben, mit Salz, Pfeffer und gemörsertem Kreuzkümmel würzen.

Die Hälfte der Füllung in das Blatt geben, verschließen. Mit dem zweiten Blatt ebenso verfahren. Die Bällchen mit der flachen Seite in einen Topf setzen und mit der Gemüsebrühe angießen.
Im Ofen 10 Min dämpfen (Deckel nicht vergessen).

Die Kartoffeln in Form schneiden, in eine feuersfeste Form schichten, eventuell salzen, mit der Brühe angießen und mit Butter bestreichen.
Im Ofen bei 180 °C garen.
Die Kartoffeln können auch vorproduziert werden, in diesem Fall vor dem Servieren nochmals kurz in Butter schwenken.

Für den Granatapfelschaum den Saft mit Lecite mischen und mit dem Zauberstab hochziehen.

Servieren Sie zu dem Gericht braune Soße (Rezept siehe Anhang).

# Der Rapunzelsalat

## *Räucherfischmus / Bunte Kartoffeln / Rapunzel*

175g Räucherfischfleisch
(ohne Gräten und Haut)
25g Toastbrot ohne Rinde
40g Milch
10g Schalotten
5g Butter

200g Sahne, geschlagen

1 Kartoffel
1 blaue Kartoffel
1 gelbe Süßkartoffel

120g gewaschener, geputzter Rapunzelsalat

**Kartoffeldressing**
200ml Apfelsaft
100ml Fischfond
4 EL Apfelessig
7 EL Traubenkernöl
½ TL Honig
Salz
Pfeffer
verkochte Abschnitte von Kartoffel und Süßkartoffel

Die Zutaten für das Mus in einem Küchenmixer fein zerkleinern, die Sahne unterheben und kühl stellen.

Die Kartoffeln waschen, schälen, dünn aufschneiden, mit einem Ausstecher beliebige Formen ausstechen und in Salzwasser garen. Die Abschnitte von weißer und gelber Kartoffel verkochen.

Die Zutaten für das Dressing mixen, nach Belieben Zwiebelwürfel und Schnittlauch dazugeben.

Sobald das Mus gut gekühlt ist, Nocken abstechen. Den Salat gut mit dem Dressing mischen, mit dem Fischmus auf einem Teller anrichten und mit den bunten Kartoffeln verzieren.

# Träume der Nacht

## *Schokobrunnen / Exotische Früchte / Ofenkuchen*

400g dunkle Kuvertüre
80g Kakaobutter
1 Schuss Kirschwasser
100g Sahne

1 Kaki/Sharonfrucht
1 Galiamelone, entkernt
1 Mango
1 Banane
6 Kapstachelbeeren

100g Mehl
2 Eigelb
25g Zucker
4 EL Haferflocken
2 Eiweiß, geschlagen

20g Butter

Aus Mehl, Eigelb, Zucker und Haferflocken einen Vorteig herstellen und anschließend das Eiweiß unterheben.
In kleine gebutterte Formen füllen und im Ofen bei 180 °C goldgelb backen.

Die Kuvertüre in Stücke brechen. Mit der Kakaobutter, Kirschwasser und Sahne im Wasserbad schmelzen und in den vorgeheizten Brunnen geben.

Das Obst waschen, gegebenenfalls schälen, in grobe Würfel schneiden und abwechselnd auf einen Spieß stecken.

Geschält werden müssen Kaki, Melone, Mango und Banane, die anderen Früchte können mit der Schale verspeist werden.

# *Die eiskalte Schneekönigin*

## *Kaiserschmarrn-Halbgefrorenes / Orangenragout*

20g Rosinen
1cl Rum

3 Eigelb
20g Zucker
1 Spritzer Zitronensaft
Mark einer Vanilleschote
80g Läuterzucker (40g Zucker: 40g Wasser)

1 Eiweiß, steif geschlagen

200g Sahne, steif geschlagen

2 Orangen
1 Schuss Grenadine

1 EL Peta Zeta
10g gehobelte Schokolade

Die Rosinen über Nacht in dem Rum einweichen.

Eigelb, Zucker, Zitronensaft, Vanillemark und Läuterzucker im Wasserbad aufschlagen. Die Rosinen dazugeben und alles kalt schlagen.

Nacheinander Eiweiß und Sahne unterheben und die Masse auf einem Backblech mit Backpapier verstreichen. Über Nacht einfrieren und kurz vor dem Servieren klein zupfen.

Die Orangen filetieren und mit dem Grenadine mischen, abwechselnd das Ragout und den Kaiserschmarrn auf einen Teller schichten. Zum Schluss Peta Zeta und gehobelte Schokolade darüber streuen.

Peta Zeta, bekannt auch als Knallbrause, ist ein Pulver ohne Eigengeschmack. Es „explodiert“ am Gaumen und kann in vielerlei Kombinationen zu überraschenden Genusserlebnissen führen.

# Das märchenhafte-erotische Menü

## *Sauerampfersüppchen*

20g Butter
50g Zwiebelwürfel
150g Sauerampfer
1l Brühe

Meersalz
Muskat
Pfeffer

50g Sahne, angeschlagen

Die Zwiebeln in der Butter glasig dünsten, den gewaschenen Sauerampfer hinzugeben und mit der Brühe auffüllen und alles 20 Min kochen lassen.

Mit dem Zauberstab pürieren, mit Meersalz, Muskat und Pfeffer abschmecken und auf jeden Teller etwas angeschlagene Sahne verteilen.

## *Gebeizter Lachs / Kartoffelrösti / Mango-Ingwer-Dip*

1 Bund Dill
10 Pfefferkörner
2 Pimentkörner
½ TL Fenchelsamen
1 Lorbeerblatt
20g Meersalz
20g brauner Zucker
Schale von 1 Bio-Orange
Schale von 1 Bio-Zitrone

500g Lachsfilet, entgrätet

300g Kartoffeln

Salz
Pfeffer
Petersilie

Fleisch von einer Mango
1 EL geriebener Ingwer
8 Blätter Estragon
4 rosa Pfefferkörner
50ml süß-scharfe Chilisoße
Salz
Olivenöl

Den Dill grob zerkleinern und mit den anderen Beiz-Zutaten vermischen. Ein Backblech mit Klarsichtfolie auslegen, den Lachs mit der Hautseite nach unten darauflegen und vollständig mit der Beize bedecken.
Mit der Folie abdecken und 18 Stunden im Kühlschrank marinieren. Danach sorgfältig abwaschen, trocknen und hauchdünn aufschneiden.

Die Hälfte des Mangofruchtfleisches mit dem Ingwer pürieren, die andere Hälfte in feine Würfel schneiden. Den Estragon in feine Streifen schneiden, die Pfefferkörner mörsern, alles zusammen in eine Schüssel geben und mit Salz und Olivenöl abschmecken.

Die Kartoffeln reiben, auspressen und die Stärke vom Wasser trennen. Die geriebenen Kartoffeln, Stärke, Salz, Pfeffer und Petersilie vermengen und zu kleinen Talern formen. In der Pfanne mit Öl ausbacken.

Zum Garnieren eignet sich hier gut Seehasenkaviar (Deutscher Kaviar).

# *Chili-Vanille-Hähnchenbrust / Reisnudeln*

Marinade
1 Chilischote
1 Knoblauchzehe
2 EL Joghurt
Meersalz

2 Hähnchenbrüste

4 EL Rapsöl
1 EL Honig
50ml feinherber Weißwein
1 Vanillestange
30g Schalottenwürfel
50g Kartoffelwürfel
50g Karottenwürfel
Weinbergspfirsichlikör
Kurkuma

200g Nudeln in Reisform (Kritharaki)
Salz

50g Butter

Die Zutaten für die Marinade mit dem Zauberstab verquirlen und die Hähnchenbrust im Kühlschrank eine Stunde darin marinieren.
Rapsöl erhitzen und die Hähnchenbrust darin anbraten. Die Gemüsewürfel dazugeben, mit Honig karamellisieren, mit Weißwein ablöschen und das Vanillemark zugeben.
Das Ganze in einen Beutel geben, vakuumieren und im Wasserbad bei 65 °C 90 Min garen.
Nach Ende der Garzeit entnehmen und die Hähnchenbrust gegebenenfalls mit einem Brenner nachbräunen.
Soße und Gemüse mit Likör, Salz, Pfeffer und Kurkuma abschmecken.

Die Nudeln in Salzwasser garen und vor dem Servieren kurz in Butter schwenken.

Sollte Sie keinen Tischvakuumierer haben, können Sie auch einen Gefrierbeutel verwenden. Dann einfach die Verschlussseite zwischen Topf und Deckel einklemmen, damit kein Wasser aus dem Topf in den Beutel gelangen kann. Alternativ gibt es im Handel Beutel, die luftdicht verschlossen werden können.
Beim Vakuumverfahren (Sous Vide) wird das Fleisch durch das schonende Garen sehr zart und die Marinade zieht besser ins Fleisch ein. Das Abflammen nach dem Garen sorgt zusätzlich für Röstaromen.

# *Lakritzeis / Erdbeerkaviar*

3 Eigelb
50g Zucker

125ml Sahne
125ml Milch

1 TL Lakritzpaste
4 Tropfen Anisöl

100g Erdbeeren
100ml Wasser
40g Zucker

2 gestr. Dosierlöffel Algin
20ml Wasser
8 gestr. Dosierlöffel Calazoon

Das Eigelb mit dem Zucker schaumig rühren und zusammen mit der Sahne und mit der Milch im Wasserbad aufschlagen (die Temperatur sollte zwischen 60° und 75 °C liegen).

Anschließend die Masse wieder kalt schlagen, mit Lakritzpaste und Anisöl vermischen und einfrieren.
Zwischendurch mehrmals durchrühren, bis das Eis eine cremige Konsistenz hat.

Die Erdbeeren in Wasser mit Zucker auskochen und durch ein feines Sieb passieren.
Algin in 120ml Erdbeerwasser auflösen.

Calazoon in Wasser auflösen und das Erdbeerwasser mittels Spritze tröpfchenweise in das Kalziumbad geben und danach schnell mit einer Schaumkelle in Wasser geben.

Der Kaviar sollte innen flüssig sein, regulieren lässt sich dies über die Zeit im Kalziumbad (je länger im Kalziumbad, desto fester der Kaviar).
Als Ersatz oder Ergänzung für den Erdbeerkaviar können natürlich auch frische Erdbeeren genommen werden.

Gerade hier ergänzt sich die Schärfe vom Lakritzeis mit der Süße der Erdbeeren zu einem runden Geschmackserlebnis.

# Soßen, Brühen und mehr

## *Dunkle Brühe (Dunkler Fond)*

1,5kg Knochen
50g Zucker

1 Möhre, grob gewürfelt
1 halbe gebräunte Zwiebel
120g Sellerie, gewürfelt
1 Knoblauchzehe
1 Lorbeerblatt
1 Nelke
4 Wacholderbeeren
6 Pfefferkörner

Die Knochen im Ofen bei 200 °C 20 Min rösten, in einem Topf bedeckt mit Wasser und etwas Salz zum Kochen bringen und 30 Min köcheln lassen.
Danach die restlichen Zutaten dazugeben und für eine weitere Stunde alles köcheln lassen. Zum Schluss den Fond passieren.

Die Wahl der Knochen bestimmt die Geschmacksrichtung (Wild, Schwein, Geflügel, Ente etc.), durch die Zugabe von Aromaten (Gewürze. Kräuter, Früchte etc.) kann die Brühe/Soße auch abgewandelt werden.

## *Helle Brühe (Heller Fond)*

1kg Knochen
1kg Kochfleisch

Meersalz

2 halbe, gebräunte Zwiebeln
1 Karotte
40g Knollensellerie
1 Stange Staudensellerie
½ Stange Lauch
Petersilienstängel
Thymianzweig

1 Nelke
10 Pfefferkörner
2 Knoblauchzehen
1 Lorbeerblatt

Knochen und Fleisch unter kaltem Wasser abbrausen, in einen Topf geben, mit kaltem Wasser bedecken und langsam zum Kochen bringen. Jetzt erst salzen und 2 Stunden leise köcheln lassen. Zwischendurch das Eiweiß mit einem Schaumlöffel von der Oberfläche entfernen.

Das Gemüse zusammenbinden und 50 Min mitköcheln, evtl. mit Wasser auffüllen.

Die Gewürze mörsern, in einen Teebeutel füllen und für 10 Min in der Brühe sieden lassen.

Die Brühe durch ein Tuch passieren und nach Geschmack nachsalzen.

## *Gemüsebrühe*

Die Zutaten können beliebig erweitert oder ausgetauscht werden, je nachdem, für was die Brühe verwendet wird.

1 Stück Knollensellerie
3 Tomaten
2 Zwiebeln
2 Lauchstangen
3 Möhren
2 Stangen Staudensellerie
1 Fenchel
2 Knoblauchzehen
Olivenöl
300ml Weißwein
Wasser

1 Petersilienstängel
1 Lorbeerblatt
1 kleiner Zweig Rosmarin
10 Pfefferkörner
12 Nelke
1 Thymianzweig

Das Gemüse waschen, schälen, klein schneiden, in Olivenöl anschwitzen und mit Weißwein ablöschen. Mit 2,5l Wasser auffüllen und zum Kochen bringen.

Die Hitze reduzieren, die Gewürze dazugeben, alles 45 Min sieden lassen und durch ein feines Sieb passieren.

## *Dunkle Soße (Demi-Glace)*

Die Wahl der Parüren bestimmt die Geschmacksrichtung (Wild, Schwein, Geflügel etc.).

700g Parüren
2 EL Distelöl

1 Möhre, grob gewürfelt
1 Zwiebel, grob gewürfelt
1 Stück Sellerie, gewürfelt

1 Knoblauchzehe

1 EL Mehl

1 Lorbeerblatt
¾l Rotwein
2 Petersilienstängel

1½l dunkle Brühe
200ml Portwein
1 Nelke
5 Wacholderbeeren
8 Pfefferkörner

20g kalte Butter

Die Parüren in Distelöl scharf anbraten, Gemüse mitrösten, anschließend Knoblauch und Mehl ebenfalls mitrösten.
Mit etwas Rotwein ablöschen, Lorbeer und Petersilie zugeben, kurz einreduzieren lassen, nochmals Rotwein zugeben und wieder kurz reduzieren lassen.

Mit Brühe angießen, etwas reduzieren, wiederum Brühe angießen und reduzieren lassen.

Mit der restlichen Brühe, Portwein und Wasser deckend auffüllen und 30 Min leicht köcheln lassen, passieren und auf etwa 300ml reduzieren lassen.

Zum Schluss die kalte Butter in die Soße einrühren.

Nach Wunsch kann im Ansatz Tomatenmark mitgeröstet werden. Es verleiht der Soße eine schönere Farbe.

## *Beurre Blanc (Helle Grundsoße)*

100g fein gewürfelte Schalotten
30g Butter

¼l Weißwein
¼l Fond

120g kalte Butter

Meersalz
Pfeffer
1 Spritzer Zitronensaft

Die Schalotten in der Butter farblos anschwitzen.

Mit Weißwein ablöschen und etwas reduzieren lassen. Jetzt mit dem Fond auffüllen, um die Hälfte reduzieren lassen und passieren.

Die Soße mit der kalten Butter montieren (Zauberstab) und abschmecken.

## *Sauce Hollandaise*

Die Soße kann auf vielfältige Art und Weise abgeleitet werden (z. B. Tomatenmark, Kräuter, Sahne etc.)

**Reduktion**
- 1 EL Weißwein
- 4 Pfefferkörner
- 50ml Wasser
- 1 Schalotte, gewürfelt

Reduktion
4 Eigelb

250g Butter

Saft von ½ Zitrone
Meersalz

Die Zutaten für die Reduktion erhitzen, auf die Hälfte reduzieren und passieren.

Die Reduktion mit dem Eigelb in eine Schüssel geben und im Wasserbad schaumig aufschlagen.

Die Butter erhitzen, die Molke abschöpfen und die Butter zart in die Masse einrühren.
Mit Zitronensaft und Meersalz abschmecken.

## *Süß-Saure-Soße*

2l Wasser
200g Zucker
1 Apfel
1 Orange
50g Birne
40g Ingwer
¼ Zitrone

40ml Fischsoße
1 EL Tomatemark
60g süß-saure Pflaumensoße

½ TL Guarkernmehl
1 Schuss Weißweinessig
50g gewürfelte Ananas

Das Wasser mit Zucker, dem vorbereiteten Obst und dem Ingwer aufkochen, eine halbe Stunde köcheln lassen und passieren.

Die Fischsoße, Tomatenmark und süß-saure Pflaumensoße dazugeben (in diesem Zustand ist die Soße im Kühlschrank mehrere Monate haltbar).

In diese Basis jetzt noch Guarkernmehl, Weißweinessig und die Ananas einrühren.

## *Salatdressing*

200ml Apfelsaft
100ml Hühnerfond

4 EL Apfelessig
7 EL Traubenkernöl
Salz
Waldhonig

Apfelsaft mit dem Hühnerfond aufkochen, etwas reduzieren lassen, auskühlen und die restlichen Zutaten mit dem Zauberstab darin verquirlen.

## *Rosmarinbutter*

250g weiche Butter

Blätter (Nadeln) von einem Rosmarinzweig

Abrieb von einer Bio-Zitrone
Meersalz
Pfeffer aus der Mühle

Die Butter schaumig schlagen. Rosmarinblätter fein schneiden und mit den restlichen Zutaten in die Butter einrühren und kaltstellen.

*Special von Ihm für Sie*

# Herzkuchen

125g weiche Butter
75g Zucker
1 TL Vanillezucker

2Eier

250g Mehl
½ Pck. Backpulver

15g Kakao
25g Mandeln, gemahlen
125ml Milch

Die Butter mit dem Zucker und Vanillezucker schaumig rühren.
Die Eier ebenfalls unterrühren.
Mehl und Backpulver mischen und in den Teig geben.
Den Teig teilen und unter die eine Hälfte Kakao, Mandeln und Milch rühren. Den hellen Teig zuerst in eine mehlierte Herzform geben, darauf den dunklen Teig verteilen und mit einem langen Löffel kreisförmig unterheben.
Im Ofen bei 180 °C 30 Min backen.

Nach Wunsch und Anlass den Kuchen mit Ornamenten oder Schokolade verzieren.

# Das Wiener Schnitzel

2 Schnitzel von der Kalbsoberschale
Salz
Pfeffer

40g Mehl

1 Ei, aufgeschlagen

5 EL Semmelbrösel

3 EL Griebenschmalz

3 Scheiben von der Bio-Zitrone

Die Schnitzel zwischen einer Klarsichtfolie plattieren und danach würzen.
Das Fleisch in Mehl wenden, durch das Ei ziehen, abstreifen und in die Brösel drücken. Darauf achten, dass das Fleisch komplett mit Semmelbröseln umschlossen ist.
Das Schmalz in einer Pfanne erhitzen, Schnitzel von einer Seite braten, umdrehen, die Hitze reduzieren und goldgelb fertig braten.
Schnitzel aus der Pfanne nehmen, auf Küchenpapier legen und für 2 Min bei 180 °C in den Backofen geben.
Vor dem Servieren die Zitronenscheiben und Grieben auf das Schnitzel geben.

Dazu meine klassische Empfehlung für den Winter: Kartoffel-Specksalat und im Sommer: Kopfsalat.

# Schweinekotelett

2 Schweinekoteletts
Salz
Pfeffer
Mehl

2 EL Schweineschmalz

Scheiben von einer Zwiebel

Das Fleisch klopfen und wieder in die Ursprungsform zusammenschieben, würzen und mehlieren. Schmalz in einer Pfanne erhitzen und die Koteletts darin anbraten, umdrehen und die Zwiebeln dazugeben. Die Pfanne für 10 Min bei 150 °C in den Ofen geben. Koteletts mit den Zwiebeln in Alufolie wickeln und 5 Min ruhen lassen.

Meine Empfehlung dazu: selbstgemachte Rosmarinbutter und eine Scheibe frisches Nussbrot.

# Register A-Z

# Das kleine Liebesbuch

Ein selbst verfasstes Jahresbüchlein mit allen gemeinsamen Höhen und Tiefen ist nicht nur für den ersten Moment ein schöner Rückblick. Auch Jahre später kommen beim gemeinsamen Lesen wieder Erinnerungen zum Tragen, die längst nicht mehr im Gedächtnis sind.
Da heute wohl in jedem Haushalt ein Computer zur Verfügung steht, ist dies kein größeres Problem mehr. Es gibt im Internet die verschiedensten Anbieter, die „Ihr Büchlein" selbst in Kleinstauflage produzieren. Das umfassendste Angebot hierzu finden Sie im Internet unter www.1buch. com . Hier können Sie Ihre liebsten Songtexte, Filmzitate oder gescannte Eintrittskarten miteinbinden. Ausschnitte aus den E-Mails oder SMS-Nachrichten können hier ebenso Verwendung finden. Als charmanten Übergang können Sie Ihren Liebsten auch bekochen, das Rezept ist natürlich im Buch vermerkt und wird entweder als Speisekarte vor dem Essen gereicht oder danach gemeinsam im Bett gelesen. Dieses Buch kann dann im entscheidenden Jahr, auf der letzten Seite einen Hochzeitsantrag enthalten.
Das Besondere dabei ist, dass aus einer zur Gewohnheit gewordenen Gepflogenheit wieder etwas ganz Besonderes und Unerwartetes wird.

MÄRCHENHOTEL
anno 1640

# *Wellness für Paare*

Ein Wellnessgutschein für die Liebste war lange Zeit sehr „in", doch für die gemeinsame Beziehung nicht gerade förderlich.
Verliebte wissen, eine gute Partnerschaft muss dann und wann geölt werden, damit sie nicht zu rosten beginnt. Spätestens, wenn die so- genannten Schmetterlinge im Bauch weniger heftig flattern, wird es Zeit, aktiv zu werden und an der Beziehung zu arbeiten. Lösungsansätze gibt es viele, doch die meisten sind eher theoretischer Natur. Dabei gibt es einen einfachen Weg! Dieser verlangt zwar etwas Mut hat aber großes Potenzial, verborgene Gefühlswelten wieder neu zu entdecken und das Knistern in der Partnerschaft nachhaltig zu belegen. Einige Hotels bieten vermehrt solche Programme an. In unserem Hotel ist der Wellnessbereich ausschließlich für Paare buchbar und das zur alleinigen Nutzung. So beinhaltet das Arrangement „prickelndes Märchen" ein Whirlpoolbad am offenen Feuer mit Sekt und Canapés. Eine weitere Möglichkeit ist ein Lavendelblütenbad oder Rosenblätter, lieblicher Wein, hausgemachte Pralinen und viele Kerzen. Partnermassagen, progressive Muskelentspannung oder Fantasiereisen können wahre Wunder bewirken.
Sicherlich lässt sich die ein oder andere Anwendung auch zu Hause umsetzten, lassen Sie Ihrer Fantasie freien Lauf. Der Antrag ließe sich hier, auf einem schönen Papier in ein Handtuch einwickeln, welches mit einem passenden Band verschnürt ist. Oder schmücken Sie den Fußboden mit Rosenblättern in Form zweier Ringe.

# Frühstück im Bett

Gerade an besonderen Tagen, wie z.B. Valentinstag, sollte man es sich zusammen gemütlich machen und etwas kuscheln. Da bietet es sich an, wenn der Jahrestag auf einen freien Tag fällt, dem geliebten Partner das Frühstück ans Bett zu bringen. Das Frühstückstablett kann mit einigen Blumen und romantischen Accessoires dekoriert werden. Die Backwaren sollten bereits vorher mit dem gewünschten Brotaufstrich bestrichen werden, so vermeidet man unnötige Krümel im Bett. Weiter zu empfehlen ist frisches Obst, wie Erdbeeren oder Trauben, auch Obstsalat bietet sich an. Sekt darf natürlich nicht fehlen, auch ein Rührei mit Kaviar ist nichts Alltägliches und eignet sich daher hervorragend. Wie wäre es mal mit Tee anstelle von Kaffee, ich empfehle Ingwer- oder Vanilletee. Diese Getränke können Flügel verleihen. Frisch gepresster Orangensaft ist eine Vitaminbombe und das schon am Morgen. Wer es schokoladiger mag, für den sind Schokoladenmuffins eine lohnenswerte Ergänzung, zwar eine etwas schwerere Kost, die sich jedoch schnell wieder abtrainieren lässt. Auf den Sektgläsern zwei gravierte Ringe, vermitteln dem Geliebten sehr schnell Ihr anliegen.

# Das Dinner zu zweit

Beim Dinner zu zweit steht es jedem der Partner frei, sich um den perfekten Abend zu kümmern. Hier kann ich nur einen Spruch aus der Küche wiedergeben „mise en place“ ist alles, was so viel heißt wie die Vorbereitung für solch einen Abend ist das Wichtigste. Das Essen muss frühzeitig ausgesucht sein, damit danach die Einkaufsliste erstellt werden kann. Stimmungsbringer wie Kerzen, Musik, Blumen (bitte nicht von der Tanke), Rosenblätter, Teelichter, Sekt, Tischdekoration und Wein müssen besorgt werden. Wenn es einen bestimmten Anlass gibt, sollte auch das Geschenk nicht fehlen. Achten Sie beim Lebensmitteleinkauf unbedingt auf die Frische, gehen Sie keine Kompromisse ein. Setzen Sie den Anspruch des Menüs nicht zu hoch, das Ziel muss immer noch erreichbar bleiben. Der Überraschungseffekt ist nach wie vor nicht zu unterschätzen, demnach bereiten Sie Ihren Partner schon auf einen schönen Abend vor, verraten Sie aber noch nicht zu viel.
Ganz wichtig, auch in der frischen Küche kann viel vorbereitet werden, deshalb muss die Küche nach der Küchenschlacht nicht abbruchreif sein.
Der romantische Abend wäre schnell wieder aus dem Sinn, wenn man sich danach ins blanke Chaos stürzen müsste. Natürlich bietet sich als Alternative ein Mietkoch oder ein Restaurantbesuch an. Nur seien Sie auch hier kreativ. Unterrichten Sie den Restaurantbetreiber über Ihr Vorhaben. Die Eheringe versteckt in einer Schatztruhe aus Schokolade, wäre hier nur ein Beispiel. Oder reservieren Sie sehr spät den Tisch, sodass Sie die letzten Personen im Restaurant sind, dann wird das Licht gedämmt und Sie haben das Wort. Vielleicht gibt es auch die Möglichkeit, einen Raum des Restaurants komplett zu blocken. Sie sehen, es gibt viele besondere Möglichkeiten.

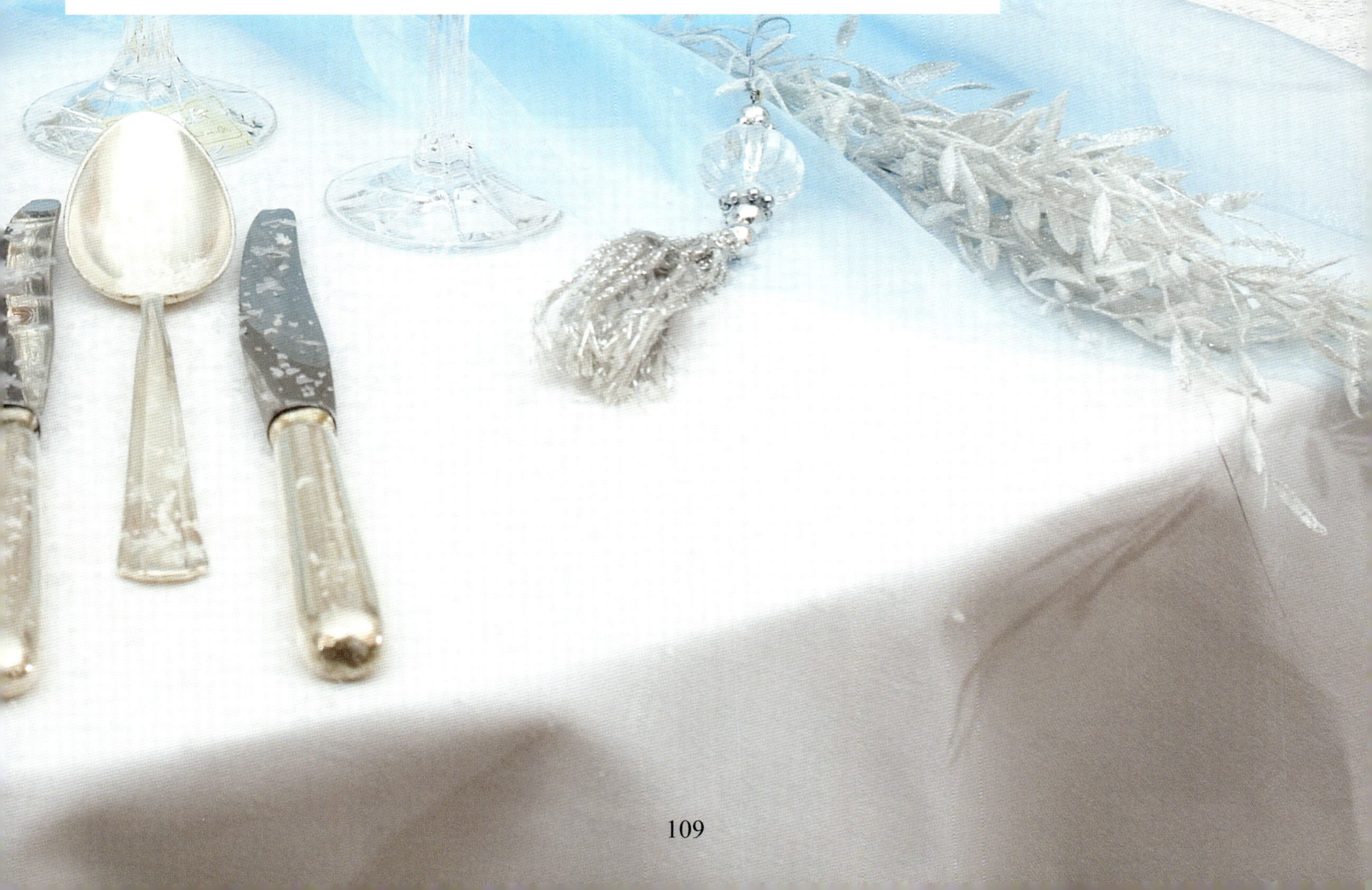

# Hochzeitstage:

Zu den bekanntesten Hochzeitstagen zählen die „Silberne“ und „Goldene“ Hochzeit. Es gibt jedoch eine große Bandbreite an Hochzeitstagen, welche seit Jahrhunderten gefeiert werden. Diese Jubeltage haben auch immer eine kleine Geschichte zu erzählen, denn der Name hierfür will auch begründet sein. Diese alten Traditionen gepaart mit dem eigentlichen Hochzeitstag, geben genau diesem Tag etwas Einmaliges. Es sind Jahrestage, die einfach immer gefeiert werden sollten. Leider haftet den Männern das Klischee an, diesen Tag hin und wieder zu vergessen, was dann meist mit Tränen verbunden ist.
Ob nun eine offizielle kirchliche Hochzeit einem gemeinsamen Jubiläumstag vorausgegangen sein muss, bleibt jedem selbst überlassen. Viele glückliche Paare haben auch einen besonderen Jahrestag ohne Trauschein und feiern diesen trotzdem jährlich. In der folgenden Liste finden Sie die traditionsbehafteten Hochzeitstage, deren Themen wir für unsere besonderen Tischdekorationen gerne aufnehmen.

- Bierhochzeit - 9 Monate
- Ochsenhochzeit - 9 Monate
- Baumwollene Hochzeit - 1 Jahr
- Lederne Hochzeit - 3 Jahre
- Seidene Hochzeit - 4 Jahre
- Hölzerne Hochzeit - 5 Jahre
- Gummihochzeit und mehr - 5 Jahre
- Eiserne Hochzeit - 6 Jahre (USA)
- Zinnerne Hochzeit - 6,5 Jahre
- Kupferne Hochzeit - 7 Jahre
- Blecherne Hochzeit - 8 Jahre
- Töpferhochzeit - 9 Jahre
- Rosenhochzeit - 10 Jahre
- Tinhochzeit - 10 Jahre (USA)
- Hölzerne Hochzeit - 10 Jahre (Norddeutschland)
- Stählerne Hochzeit - 11 Jahre
- Leinen Hochzeit - 12 Jahre
- Nickelhochzeit - 12,5 Jahre
- Petersilienhochzeit - 12,5 Jahre
- Lace Hochzeit - 13 Jahre
- Elfenbeinhochzeit - 14 Jahre
- Kristallhochzeit - 15 Jahre
- Porzellanhochzeit - 20 Jahre
- Silberhochzeit - 25 Jahre
- Perlenhochzeit - 30 Jahre
- Seifenhochzeit - 32 Jahre
- Knoblauchhochzeit - 33 1/3 Jahre
- Leinwandhochzeit - 35 Jahre
- Aluminiumhochzeit - 37,5 Jahre
- Rubinhochzeit - 40 Jahre
- Platinhochzeit - 45 Jahre
- Goldene Hochzeit - 50 Jahre
- Smaragdhochzeit - 55 Jahre
- Diamantene Hochzeit - 60 Jahre
- Eiserne Hochzeit - 65 Jahre
- Steinerne Hochzeit - 67,5 Jahre
- Gnadenhochzeit - 70 Jahre
- Kronjuwelenhochzeit - 75 Jahre
- Messinghochzeit - 80 Jahre
- Rote Hochzeit - 100 Jahre

# Bierhochzeit

Die Bierhochzeit feiert man nach 9 Monaten. Es ist zu lesen, dass es sich hierbei um einen Hochzeitstag handelt, der sich mehr um die Braut, als um den Tag an sich dreht. Denn, ist die Braut bis zu diesem Zeitpunkt noch nicht schwanger, soll sie mit dem Bier überzeugt werden.
Die Bierhochzeit ist also eher ein Spaß, der noch recht neu ist und auf keine lange Tradition zurückblicken kann. Spaß macht die Bierhochzeit aber sicher.
Da Bier das Getränk der Bayern schlechthin ist, nehmen wir Landesfarben in der Tischdekoration mit auf. Die übrige Stimmung ist hier rustikal, wirtshausmäßig mit viel Holz, Hopfen und Efeu gehalten.
Typische Wirtshausgerichte wie Weißwurst, ½ Hendl oder Obazda sind geradezu ideal. Als Essensbegleiter kann es nur ein kühles Bier geben.

# Eiserne Hochzeit

Die Eiserne Hochzeit feiert man in den USA nach 6 und in Europa nach 65 Jahren. Es gehört sicherlich ein eiserner Wille dazu, das darauffolgende verflixte 7. Jahr gemeinsam zu überstehen.
Als eine partnerschaftliche Höchstleistung kann in der heutigen Zeit, die gemeinsam erreichten 65 Jahre gesehen werden. Diese bodenständige, schwere Grundstimmung, mit den herzlich anmutenden Blumen, sorgt für den passenden herbstlich-lieblichen Rahmen.
Ein mittelalterliches Menü, fein angerichtet, würde sich hier geradezu anbieten, natürlich begleitet von edlem Wein – so wie es die edlen Herren auf der Burg schon genossen haben.

# Rosenhochzeit

Nach 10 Jahren wird die Rosenhochzeit gefeiert. Das Symbol der innigen Liebe ist auch das Symbol dafür, dass die Ehe nach 10 Jahren ihre Blüte erlebt. Hier bietet es sich einfach an, das Bad oder Bett in ein Rosenmeer zu verwandeln. Obwohl man Rosen in ungerader Zahl einer Frau schenkt, sind hier 10 tiefrote Rosen nicht nur erlaubt, sondern ausdrücklich erwünscht. Der zehnte Hochzeitstag ist das erste Jubiläum, zu dessen Feier üblicherweise die damaligen Trauzeugen und Brautjungfern eingeladen werden können. Der feine, festliche Anlass ist hier unverkennbar und muss mit einem Glas Sekt gekrönt werden.
Ein edles Menü, gerne mit exklusiven Lebensmitteln, ist einfach ein Muss.

# Petersilienhochzeit

12,5 Jahre braucht es, um die Petersilienhochzeit feiern zu können.
Es ist der Überraschungstag schlechthin, da die wenigsten daran denken.
Im Brauchtum wurde hier von den Bekannten ein Petersiliensträußchen überreicht, quasi als Halbzeit zur „Silberhochzeit“. Heute werden solche Rituale weniger gelebt, daher gilt es, diese modern neu zu interpretieren.
Doch eine Komponente bleibt, das Petersiliensträußchen, umgeben von einer klaren Struktur. Das Essen im frischen-asiatischen Stil, begleitet von einem feinherben Moselriesling, schafft wiederum die Verbindung von Modernem und wurzelechten Urgewächsen.

# Perlenhochzeit

Die Perlenhochzeit ist ein ganz besonderer Hochzeitstag. Nach dreißig Ehejahren wird dieser Tag nun gefeiert. Wie die anderen Hochzeitstage hat auch dieser Tag eine große Bedeutung.

Die Perlenhochzeit nennt man so, da die vielen gemeinsamen Jahre sich wie Perlen aneinanderreihen. Jedes Jahr hat etwas zu berichten, schöne Zeiten, in denen alles wunderbar lief. Auch die schweren Zeiten, die in fast jedem Leben einmal vorkommen. Dieser Anlass muss einfach pompös gefeiert werden, z. B. mit einem Kerzenleuchter, der mit Perlen behangen ist. Ein großes Gourmetmenü, begleitet von alten und jungen Weinen, ist hier genau das Richtige. Natürlich sollten alle Verwandten und Freunde eingeladen werden, aber manche feiern auch mal gerne große Anlässe unter vier Augen, warum eigentlich nicht.

# *Must have*

Zauberstab
Sahnesyphon
Küchenmixer (Moulinette)
Silikonmatten
Flambierbrenner

# *Empfehlung*

Sorbetmaschine
Tischvakuumierer

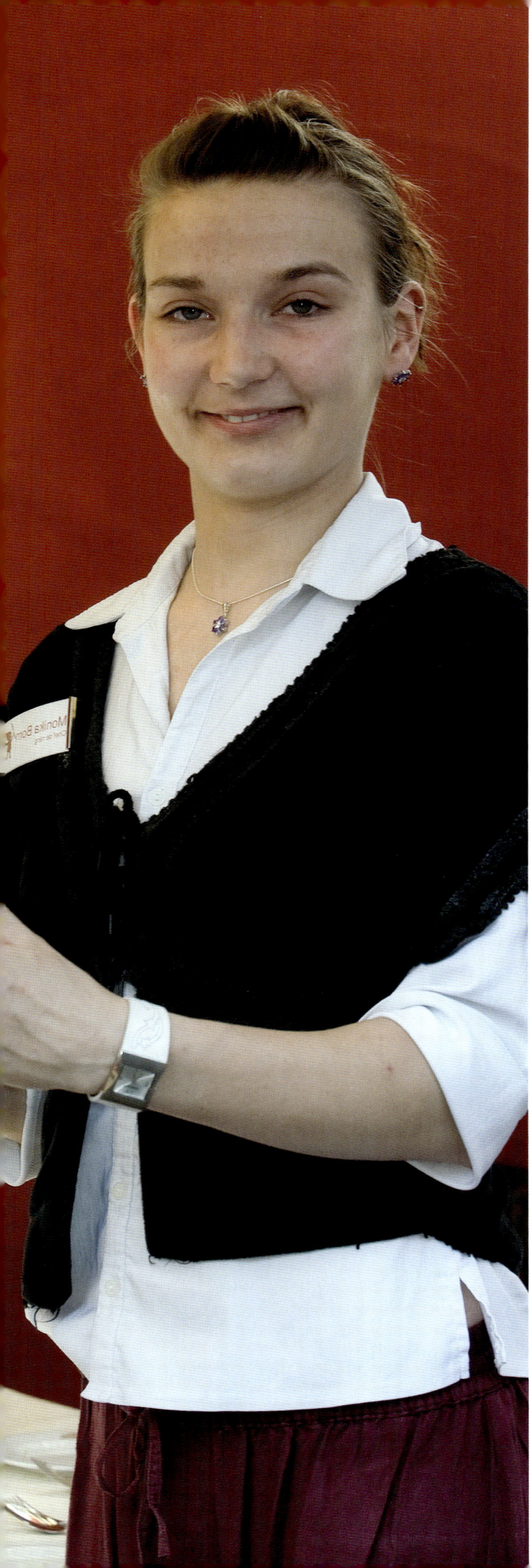

# Einkaufsempfehlung:

Erotisierende Lebensmittel aus dem Märchenhotel, die „Vine Nut“ aus eigener Herstellung:
Ihren märchenhaften, herbsüßlichen, einmaligen Geschmack erlangen die grün geernteten Nüsse durch eine mehrwöchige, aufwendige Herstellungsprozedur. Anschließend reifen sie über eine lange Zeit in einem gewürzten Weinlikörsirup. Ihren geschmacklichen Höhepunkt erreichen sie nach ein bis zwei Jahren.
Die Nuß ist reich an der Aminosäure Arginin, was die Gefäße erweitert, es gilt als natürliches Aphrodisiakum.

Arcoroc Professional

www.arcoroc.com

BOS FOOD

www.bosfood.de
Delikatessenhandel, Zutaten Molekularküche: Iotazoon, Lecite, Peta Zeta, Algin, Calazoon

holst Porzellan/Germany

www.holst-porzellan.de

Seltmann Weiden HOTEL

www.seltmann-weiden.com

Kevin Gewehr Brigitte Krebs Iris Beicht Stefan Krebs

# Die fleißigen Zwerge

Katja Krebs — Sven Hayer — Margarete Leis — Anh Phuong Nguyen — Sebastian Schönau — Monika Langmann (Bild Seite 117)

# Warum Märchenhotel? Darum!

„Es ist cool, in einem Betrieb mit gutem Ansehen zu arbeiten. Da ich hier einen vielseitigen Arbeitsplatz habe, kann ich allerhand lernen. Und natürlich koche ich gerne und brauche fast täglich den Druck vom Stifteschreck."

Sven, 2. Lehrjahr (Sveni)

„Hier habe ich schon sehr viel gelernt und lerne immer noch dazu. Das Betriebsklima ist in Ordnung und man kommt mit jedem klar. Hier fühle ich mich wohl und träume nachts gerne vom ‚Mise en place'. „

Magarethe (Stifteschreck)

„Mir gefällt das Zusammenkommen von verschiedenen Menschen.
Das individuelle Arbeiten mit unterschiedlichen Gästetypen ist sehr interessant.
Außerdem ist Quasseln mein Leben."

Sebastian, 3.Lehrjahr (Sepp Hirsch)

„Es macht Freude, mit der Familie zu arbeiten und immer weiteres Wachstum und Veränderungen zu sehen."

Brigitte Krebs (Chefin)

„Das Betriebsklima ist der Wahnsinn! Ich wollte in ein renommiertes Haus um dort etwas zu lernen, mitzugestalten und Verantwortung zu tragen.
Genau das habe ich hier!
Auf hohem Niveau, alles für den Gast."

Monika Langmann (Borns)

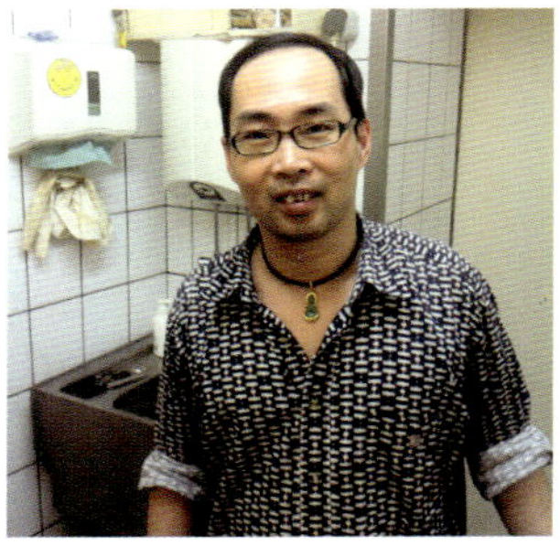

„In der Küche herrscht das gleiche herrliche subtropische Klima wie in meiner Heimat Vietnam.
DANKSÖHN Chef."

[---Chef: bitte söhn.. ;-) ]

Anh ... (Quen)

„Die Herausforderung reizt mich jeden Tag aufs Neue.
Wir sind ein Käfig voller Narren und das täglich im schönsten Gewerbe überhaupt."

Stefan Krebs (Chef vom Ganzen)

Einer muss ja den Haufen zusammenhalten.

Katja Krebs (Frau Krebs)

„Ganz einfach, ich wurde gefacebookt."

Kevin Gewehr (Gewehr bei Fuß)

„Sonst will ja keiner die Schokoladenravioli machen."

Iris Beicht (Bidinger)

# Unsere Auszeichnungen

Gewinner der Royal Creation des Jahres 2005 (4. Platz)
Gewinner der Royal Creation des Jahres 2006 (1. Platz)

Gastgeber des Jahres 2007

Gastgeber des Jahres 2010

Gastronomiepreis 2010 für 4 Sterne Hotel mit besonders innovativer Küche

Erster Betrieb an der Mosel mit Servicequalität Stufe II

Berufener Euro-Toques Sterne-Koch

# *Making of*

Location + Wetter
= traumhaft

Auf ein schönes Buch!

„Prinzessin" Riana bei der Anprobe...

Kleider zu hell, zu groß, zu grün...

Kleid passt!
Ein Traum in violett.

4 Stunden Hair Styling und Make up...

Schuhauswahl für die „Prinzessin"

Der „Prinz" wirkt etwas nervös...

Draußen warten Kameraleute...

...und Fotografen.

„Here she comes..."

Letzte Handgriffe vom Designer persönlich.

Perfekt!

Alles im Kasten fürs Buchcover.

Das Ergebnis.

Da ist doch ein Tänzchen gefällig.

# Special Thanks

Wir danken:

**Udo und Martha Petschnigg,**
die uns ihre sagenhafte Burg Pyrmont für Film- und Fotoaufnahmen zur Verfügung stellten. Hier entstanden die Coverfotos. Wir fühlten uns wie zu Hause.

**Dominik Laux,**
Top-Designer, der uns Teile seiner Kollektion als Ausstattung für unsere „Prinzessin" zur Verfügung stellte und persönlich das Styling übernahm. Ganz besonders danken wir für die bezaubernden Illustrationen, die Dominik Laux exklusiv für dieses Buch gezeichnet hat.
Dominik you rock!

Laux Design
www.dominik-laux.de

**Riana Angsten,**
die als Model unsere schöne Märchenprinzessin verkörpert. Durch ihre zauberhafte Erscheinung zog sie den gesamten Hofstaat in ihren Bann.

**Frank Hoffmann**
für die freundliche Unterstützung mit Archivmaterial.

# Es war einmal…

Es war einmal ein edler Prinz an der Mosel.
Er lebte in einem wunderschönen Haus in einem kleinen Städtchen namens Bernkastel-Kues.
In seiner Residenz verkehrten viele Menschen von nah und fern, die der Prinz täglich verköstigen musste. Dies tat er natürlich nicht alleine, sondern viele fleißige Helferlein gingen ihm zur Hand.
Bald wusste jedermann im ganzen Land von den edlen Speisen und Getränken, die der Prinz auf seiner Tafel kredenzte.
Eines Tages rastete eine wunderschöne Prinzessin in seinem Haus und der Prinz legte sein ganzes Können in die Zubereitung eines erlesenen Mahls.
Die Prinzessin war davon so verzaubert, dass sie ihre Herolde ausschickte, ein jedem davon zu berichten.
Und so kamen bald viele Menschen von überall her, um sich vom Prinzen verwöhnen zu lassen.
Und wenn er nicht gestorben ist, so kocht er noch heute.

# Ende

# *Bleiben Sie mit uns in Kontakt*

Sie können unser Hotel Tag und Nacht virtuell besuchen.
Wir nehmen Sie gerne auf unserem Rundgang mit und lassen Sie einen Blick hinter die Kulissen werfen.

Für Fragen und Anregungen stehen wir Ihnen natürlich immer zur Verfügung.

www.facebook.com/sternstunden

www.youtube.com/maerchenhotel

www.twitter.com/maerchen_hotel

www.maerchenblog.com

# Bildquellen

Dr. Hans Georg Eiben (Foodfotografie)
Seiten: 2, 3, 20, 21, 22, 23, 24, 25, 26, 27, 28, 29, 30, 31, 34, 35, 36, 37, 38, 39, 40, 41, 42, 43, 44, 45, 48, 49, 50, 51, 52, 53, 54, 55, 56, 57, 58, 59, 62, 63, 64, 65, 66, 67, 68, 69, 70, 71, 72, 73, 76, 77, 78, 79, 80, 81, 82, 83, 92, 93, 94, 95, 96, 97, 98, 99, 106, 107, 108, 109, 111, 112, 113, 114, 115, 117, 118, 119, 120
Vorsatz 1

Klaus Rumler
Seiten: 74, 75, 102, 103, 123, 124, 125, Coverfotografie

ComCept
Seiten: 4, 5, 6, 7, 104, 105, 122, Vorsatz 2, Rückseite

Archiv des Autors
Seiten: 120,123

Archiv des Verlags
Seite: 123